O PÓS-SOCIALISMO

ALAIN TOURAINE

O PÓS-SOCIALISMO

Tradução:
Sonia Goldfeder
e
Ramon Americo Vasques

editora brasiliense

Título original: L'Après Socialisme

Copyright © by Éditions Grasset & Fasquelle, 1980.
Copyright © da tradução: Editora Brasiliense S.A.
para publicação e comercialização no Brasil.

Nenhuma parte desta publicação pode ser gravada,
armazenada em sistemas eletrônicos, fotocopiada,
reproduzida por meios mecânicos ou outros quaisquer
sem autorização prévia da editora.

ISBN: 85-11-14071-9
1ª edição, 1988
1ª reimpressão, 2004

Indicação editorial: Francisco Weffort
Copidesque: Rui Osamu Ohara
Revisão: José Waldir S. Moraes

Dados Internacionais de Catalogação na Publicação (CIP)
(Câmara Brasileira do Livro, SP, Brasil)

Touraine, Alain, 1925
    O pós-socialismo / Alain Touraine ; tradução
Sonia Goldfeder e Ramon Americo Vasques. –
São Paulo : Brasiliense, 2004.

    Título original: L'après-socialisme
    1ª reimpr. da 1. ed. de 1988
    Bibliografia.
    ISBN 85-11-14071-9

    1. França - Condições sociais - 1945-
2. História social - 1945- 3. Socialismo - França
I. Título.

04-3180   CDD-335.00944

Índices para catálogo sistemático:
1. França : Pós-socialismo : Economia   335.00944

editora brasiliense s.a.
Rua Airi, 22 – Tatuapé – CEP 03310-010 – São Paulo – SP
Fone/Fax: (0xx11) 6198-1488
E-mail: brasilienseedit@uol.com.br
www.editorabrasiliense.com.br

livraria brasiliense s.a.
Rua Emília Marengo, 216 – Tatuapé – CEP 03336-000 – São Paulo – SP
Fone/Fax (0xx11) 6675-0188

Para Adriana

Agradecimentos

Agradeço a Mireille Coustance, Jacqueline Salouadji e Christiane Guigues que me auxiliaram na apresentação deste texto.

Emmanuel Müheim me ofereceu generosamente a hospitalidade do Centro Cultural de Sénanque, durante um admirável outono, para que a calma do passado me ajudasse a dominar a agitação do presente. Que ele receba aqui minha gratidão.

François Dubet, Zsuzsa Hegedus e Michel Wieviorka, com suas críticas, levaram-me a exprimir de melhor forma um pensamento pelo qual, apesar de nosso companheirismo de trabalho, não se tornam, entretanto, responsáveis.

Jean-Baptiste Grasset ajudou-me a tornar mais claro este texto. Eu lhe agradeço em nome dos leitores.

A.T.

Sumário

Prefácio à edição brasileira 9

RUPTURA
O vazio / Retorno da história / O momento de falar

Primeira parte
O FIM DO SOCIALISMO

1. O modelo socialista 29
Uma ação operária limitada / O socialismo e o Estado / As leis da história / O Grande Partido / O caso francês
2. Sua decomposição 45
O recuo da sociedade industrial / A crise do progresso / O enfraquecimento do partido

Segunda parte
A GRANDE DÚVIDA

3. A saturação ideológica 61
A fuga pela ideologia / O degelo / Duas saídas / Fim
4. Enganosas nostalgias 75
Estado de crise / As tentações da decadência / O apelo à identidade / Uma classe pouco dirigente / Retorno da extrema-direita

Terceira parte
NASCIMENTO DE UMA SOCIEDADE
5. A sociedade programada 95
Qual mudança? / Um modo de produção /
Um modo de conhecimento / Um modelo
cultural / As relações de dominação
6. Novos movimentos sociais 119
Do feminismo ao movimento das mulheres / O
país contra o Estado / O movimento
antitecnocrático / Formas de ação

Quarta parte
RETORNO À DEMOCRACIA
7. Não há estado socialista 145
Estado e sociedade / Quando o Estado devora
a sociedade / A miragem do nacionalismo
revolucionário
8. Combates pela democracia 159
Não existem movimentos sociais sem democracia /
Movimentos e instituições contra Estados populares /
Combates inacabados / Novos campos de ação /
Podemos salvar a escola? / Instituições maleáveis
9. Em busca de uma expressão política 179
Esquartejamento / Estratégias rivais / Primeiro
roteiro / Segundo roteiro / Terceiro roteiro /
Fim do tudo-político

DESPERTAR
De um movimento social para outro / O problema
político / Dez anos bastam / A urgência / Um
novo século

Bibliografia 221

Prefácio à edição brasileira

Este livro foi escrito em Paris em 1979, entre a derrota da esquerda nas eleições legislativas de 1968 e o retumbante triunfo de François Mitterrand e do partido socialista nas eleições da primavera de 1981. Desde sua publicação, ele tem sido objeto de críticas divergentes que permitem esclarecer melhor seu sentido.

Para alguns, a chegada da esquerda ao poder pela primeira vez desde 1956, ou, na verdade, desde a Frente Popular de 1936, demonstrava o erro das idéias que defendo neste livro. Como podia falar de pós-socialismo se nos encontrávamos no pré-socialismo? A volta ao poder do partido socialista em 1988 e a fácil reeleição de François Miterrrand à Presidência da República Francesa pareciam demonstrar de novo que a história realmente desmentia meus prognósticos. Se eu acreditasse que esta crítica tem fundamento, não teria aceito que este livro fosse traduzido para o português e colocado hoje à disposição do público brasileiro. Para dizer a verdade, este tipo de crítica foi feito sem grande convicção, primeiro porque desde 1982 e sobretudo em 1983, o fracasso do Programa Comum dos socialistas e dos comunistas franceses era patente. Dois anos mais tarde, o governo da esquerda e o próprio presidente da república eram muito impopulares. É verdade que François Miterrand em 1988 foi brilhantemente reeleito, mas em sua nova campanha eleitoral não mais levantou a bandeira do socialismo, e o partido socialista, que também havia silenciado sobre sua doutrina, não chegou a conquistar a maioria parlamentar prometida pelas pesquisas de opinião.

A esquerda é poderosa na França, e o partido socialista é o maior e o mais sólido partido político do país. Do mesmo modo, na Espanha, o PSOE ocupa uma posição quase hegemônica, e em Portugal Mário Soares é o presidente socialista da República. Mas quem acredita, por um instante sequer, que o sucesso destes partidos de esquerda seja um argumento demonstrativo de que a idéia socialista permanece vigorosa e atrai militantes? Por toda parte na Europa o socialismo recua: na Inglaterra, onde continua mergulhado, mais que em outros lugares, no arcaismo, tem sido sistematicamente vencido pela senhora Thatcher, e Scargill, o líder dos mineiros, perdeu a greve que visava derrubar a Dama de Ferro. Na Alemanha Federal, os sindicatos passaram a representar a ala conservadora da USPD, enquanto a esquerda desse partido é influenciada pelos temas pacifistas e ecológicos lançados pelos Verdes. Mesmo nos países escandinavos, os partidos socialistas às vezes têm perdido o poder, e sobretudo a social democracia tem-se tornado muito mais um sistema de intervenções do Estado — aliás freqüentemente notáveis — do que o instrumento político do movimento operário. Nos países industrializados o sindicalismo recua, a parcela de mão-de-obra industrial na população ativa diminui rapidamente, a correlação entre classes sociais e voto político se enfraquece e a idéia socialista se dissolve num *welfare state* no qual nenhum dirigente legítimo ousa tocar.

Fora da Europa e em particular na América Latina, a idéia socialista pouco penetrou, porque os problemas deste continente, ao mesmo tempo dependente de uma ordem econômica mundial que ele não controla e em rápida transformação social, não são os problemas de uma sociedade de classes. Os partidos socialistas e comunistas na América Latina têm tido menos influência que os governos nacionais-populares e o nacionalismo tem suscitado mais paixão que a luta de classes.

A idéia socialista é inseparável do desabrochar da socieda-

PREFÁCIO À EDIÇÃO BRASILEIRA

de industrial. Ora, certos países já estão entrando num outro tipo de sociedade, que alguns de nós há vinte anos denominamos de pós-industrial, enquanto numerosos outros são dominados mais pelos problemas do desenvolvimento e da industrialização do que por aqueles da sociedade industrial. De fato, foi só na Europa que a sociedade industrial e a industrialização se confundiram, porque somente lá se acreditou que a modernização podia ser inteiramente endógena, vir de recursos próprios do pensamento e da ação racionais. Ao passo que em todos os outros lugares do mundo a história do desenvolvimento tem sido sempre mais complexa, feita de conquistas e de resistência nacional, de penetração do capital estrangeiro e de intervenções do Estado. Desse modo, as relações sociais de produção entre empresários e assalariados, os conflitos de classes sempre presentes, têm sido encobertos por problemas onde o capital estrangeiro e o Estado nacional são os protagonistas, e por uma oposição profunda entre a cidade e o campo.

Somado às críticas que censuraram o meu pessimismo excessivo quanto ao futuro do socialismo, outros me acusaram de parar a meio caminho e de não compreender que tínhamos entrado numa nova era liberal, que hoje tudo é mercado, mudança, estratégias e "escolhas racionais", como dizem tantos politicólogos e sociólogos americanos. Em suma, que, num mundo em mudança permanente, a própria idéia de um conflito central opondo socialismo e capitalismo, ou qualquer outro par de opostos análogo, é sem sentido. Esta crítica tem o mérito de corresponder melhor ao espírito do tempo. Não são apenas os pós-modernos hoje que se esforçam por convencer-nos do fim das grandes narrativas e dos grandes conflitos. De todos os lados nos pressionam para que renunciemos a nos interrogar sobre o *por quê* e nos interessemos só pelo *como*, que seria a única questão compatível com uma atitude científica.

O leitor compreenderá logo que é a estes críticos que desejo responder antes de mais nada, que a grande questão para mim é rejeitar a concepção de história que a reduz a um fluxo incessante de transformações em parte imprevisíveis e que impediriam o reconhecimento de tipos genéricos de sociedades ou de regimes. A idéia central que defendo aqui, como em outros livros, é que nós não vivemos de maneira alguma o fim da história ou da modernidade, mas somente a passagem de um tipo de sociedade para um outro. Desde que escrevi estas páginas, parece-me que já atravessamos o período de maior desorientação e recomeçamos a atingir terra firme. Em parte porque os países já industrializados viram, em dois decênios, o acelerar de sua evolução. A comunicação ocupa hoje o lugar central outrora ocupado pela fabricação; os problemas da medicina e da saúde, da educação, da informação de massa, suscitam as mesmas paixões que outrora a indústria fazia. Se falo aqui de pós-socialismo não será, antes de mais nada, para lançar sobre o mundo que nasce um olhar análogo àquele que os primeiros socialistas lançaram sobre a sociedade industrial em formação? Há vinte anos, observando o movimento estudantil de maio de 1968 na França, escrevi um livro intitulado *Le Communisme Utopique*, para bem marcar minha convicção de que devíamos servir-nos dos instrumentos que se tinham revelado de formidável utilidade durante o século XIX na Europa, sabendo no entanto transformar completamente o conteúdo de nossas análises.

Este livro se dirige agora a meus amigos brasileiros. A mensagem que ele traz é a de que é sempre indispensável observar e compreender os problemas de um tipo de sociedade, seja ela industrial ou pós-industrial, enquanto se analisam os caminhos do desenvolvimento próprio de cada país ou de cada região do mundo. Aos europeus e aos norte-americanos é preciso ensinar a redescobrir o caráter particular, específico, de seu modo de desenvolvimento, que eles têm ainda a tentação de confundir com a própria modernidade, como se não houvesse outra via de modernização que a deles. Aos brasileiros que tão intensamente têm vivido e pensado as esperanças e dificuldades de sua modernização é preciso lembrar a necessidade permanente de reconhecer pontos fixos no movimento, de saber reconstruir conjuntos societários no devir histórico e perceber no centro desses conjuntos os conflitos sociais através dos quais uma sociedade produz a si mesma, produz suas instituições e suas formas de organização. Quando tivermos todos pensado nosso movimento e os sistemas sociais que aí se formam é que chegaremos a ter uma visão completa da vida social, que é sempre concomitantemente ordem e movimento, movimentos sociais estruturais e transformações históricas.

Alain Touraine

RUPTURA

O vazio

O socialismo está morto. O termo figura em todos os lugares, nos programas eleitorais, no nome de partidos e até de países, mas está sem sentido. Salvo quando designa uma vasta família de Estados autoritários. Será necessário conservar respeitosamente este termo desgastado ou corrompido em memória das lutas e das esperanças que, há um século, o elegeram como bandeira? Trata-se realmente de respeitar um século de movimento operário em vez de se prostrar diante dos príncipes, dos políticos e dos tecnocratas que o usam para encobrir seu poder? A fidelidade ao passado não exige, antes, a busca de lutas e esperanças, contestações e idéias que combatem, hoje, em novos campos, o poder dos dominantes como fez o movimento socialista durante um século?

Não falo da morte do socialismo como uma exortação ao ceticismo, mas, ao contrário, para reconhecer o vazio deixado por seu desaparecimento e tentar preenchê-lo. O socialismo foi a teoria do movimento operário; ele passou a designar, em boa parte do mundo, o poder de Estado, assim como o nome República encobriu na França a dominação da burguesia; em outros países ele não passa de uma defesa segmentária de interesses particulares que trazem cada vez menos um projeto geral de progresso social e que se subordinam facilmente à ação, mais poderosa e mais inventiva, dos dirigentes e do Estado. Mas não estamos assistindo, neste momento, à estruturação de novas lutas e esperanças que desempenharão amanhã o papel que tinha ontem o movimento socialista, firmes na mesma convicção, rompendo completamente com suas idéias e formas de ação?

Na França, os movimentos de opinião pública se escondem sob a imagem usurpadora dos partidos. Há anos, a vida política da esquerda não passa de um interminável espetáculo de estratégias e rivalidades. Este livro se manterá afastado da política politiqueira; mas como não lembrar, ao começá-lo, que a morte da idéia socialista não seria tão visível na França se não tivéssemos vivenciando a impotência dos partidos de esquerda ao traduzir seus discursos em atos? O socialismo acabou em setembro de 1977, quando ficou patente que os dois clãs de camaradas, que se chamavam pelo mesmo nome, não eram movidos pelas mesmas idéias e tinham objetivos estratégicos contraditórios. Isso não é extraordinário? O partido comunista e o partido socialista, aliados, majoritários na opinião pública, vencedores das eleições regionais de 1976 e municipais de 1977, revelam-nos, bruscamente, que sua aliança não passou de um acordo, e que, ao chegar ao poder, têm muito mais medo de seus aliados do que de seus adversários! Que não nos convoquem mais para novos esforços nem nos peçam mais um pouco de paciência: até os partidos de esquerda já renunciaram a essa linguagem e estão se deixando levar por seus ressentimentos e rivalidades.

A opinião pública não fala mais a linguagem da política: inquietude e desconfiança a governam, e não mais cólera e esperança. Muitos recuam para sua vida profissional ou privada; alguns destroem os ídolos que tinham adorado; outros projetam suas esperanças nos movimentos e agremiações que se recusam a ser controlados por partidos políticos. A participação ativa na política está em declínio e a qualificação de militante não é admitida pelas próprias pessoas que intervêm de forma mais ativa na vida pública. Como é que aqueles que reduzem a vida política a negociações entre estados-maiores e citações de livros sagrados não percebem que a água está invadindo o velho barco dentro do qual eles discutem, e que ela pode acabar com suas pretensiosas querelas teológicas afogando-os todos juntos? O grande conjunto de convicções e organizações, de idéias e de sentimentos, de lutas e de sonhos que fez do socialismo uma das maiores criações da história moderna se desconjunta. A associação das reivindicações mais urgentes e dos projetos mais vastos está sendo substituída por seu oposto: lutas defensivas, de um lado, espiritualismo barato, de outro, e, por todos os lados, desencanto e medo. A vida política se decompõe, se reduz à aparição televisada de meia dúzia de caciques, cujo discurso mistura a técnica econômica, que impressiona os profanos, e o moralismo bajulador, que procura conquistar sua simpatia. O desânimo se insinua em toda parte. O vento ainda insufla algumas bandeirolas, mas o 1 de maio se parece cada vez mais com o 11 de novembro.

Não é verdade, entretanto, que nossa sociedade esteja apática. Por todos os lados aparecem inovações, contestações, ações coletivas. Mas elas não conseguem ser ouvidas, porque seu discurso ainda está deformado por um jargão político. As novas energias se dissipam quando se teima em fazê-las acionar velhas máquinas em desuso. É preciso acabar com esse respeito doentio pelo passado; é preciso fechar o museu político e deixar o caminho aberto para a convicção, a cólera e a esperança.

Isto exige muito mais que bons sentimentos; é preciso defender o direito à análise. O discurso político se tornou um balé de fantasmas. Um pouco de luz, por favor, para dissipar essas sombras. Afinal, do que se trata? Socialismo, democracia, movimentos sociais: quero saber o que estes termos significam. Inventar o futuro, agarrar-se ao passado, sim; mas qual passado e qual futuro? Gostaria de responder aqui a essas questões precisas. Viemos do socialismo; qual foi o sentido deste grande movimento? Entramos em um novo tipo de sociedade que pede a formação de novos movimentos sociais. Como definir essa sociedade? Onde estão esses movimentos? A reflexão política não consiste em elaborar idéias, mas sim em reconhecer fatos e analisar opiniões, escolhas e ações.

Este livro recusa-se a se prender na atualidade política; ele quer retomar uma interrogação mais elementar, fundamental numa democracia representativa: quais as aspirações sociais que os partidos de oposição devem representar? É por isso que colocamos em questão, em primeiro lugar, não somente os partidos, mas o próprio movimento socialista: a decadência ou a transformação dos partidos ditos socialistas, social-democratas ou comunistas, vem do fato de que nossa sociedade não é mais dirigida pelos intercâmbios, movimentos, idéias e interesses sociais próprios à época em que nasceu e cresceu o socialismo. Privados de toda verdadeira representatividade social, não exprimindo mais a ação de um movimento social, os partidos que se reivindicam socialistas tornaram-se coalizões politiqueiras defensivas e, cada vez mais, agentes de reforço do poder de Estado. É tão inútil lembrá-los de suas origens quanto evocar aos descendentes de Constantino os sacrifícios do cristianismo primitivo. É preciso olhar mais além e mostrar que o fim da época socialista não anuncia nem a despolitização e o fim das ideologias nem o irresistível florescimento dos Estados todo-poderosos, mas, em certas condições, ao menos, um novo movimento social, novas manifestações da opinião pública e, portanto, novas reivindicações políticas.

Paremos de sonhar, de modo confuso, com o retorno de um imaginário paraíso perdido, situado antes da ruptura de 1920.* Desconfiemos dos apelos ao "verdadeiro socialismo" contra os partidos que o trairiam; não acreditemos que seja suficiente substituir uma cultura política estadista e centralizadora por uma outra, libertária e autogestionária, dentro do socialismo. É preciso romper as amarras e reconhecer a mudança do cenário histórico. O socialismo foi a ideologia do movimento operário engajado em sua luta contra os mestres da industrialização e das fábricas e por um emprego demo-

---

* Em 1920, no Congresso de Tours, rompeu-se a unidade das organizações socialistas — surgidas na França desde 1877 — que fora obtida por J. Guesde, J. Jaurès e E. Vaillant com a formação da SFIO (Section Française de la Internationale Ouvrière — Seção Francesa da Internacional Operária), fundada em 1905. A SFIO se posicionava sobretudo contra a política colonial francesa, especialmente a do Marrocos, e contra o nacionalismo belicista. Em Tours, representações majoritárias favoráveis à Revolução Russa e ao bolchevismo deixaram a SFIO para constituírem a Section Française de la Internationale Communiste (SFIC ou Partido Comunista Francês). Em 1969, a SFIO transformou-se no atual Partido Socialista Francês. (N.T.)

crático das forças materiais, intelectuais e morais de produção da sociedade e inserida na sociedade industrial. Dizer que estamos saindo da época socialista significa que um personagem histórico (o movimento operário) perde sua importância junto com seu adversário (o industrializador) e seu campo de batalha (a sociedade industrial).

Os comunistas escolheram, como objetivo principal, a criação de uma sociedade de transição em direção ao socialismo, enquanto os socialistas, mais empreendedores, falavam em partir para a construção do socialismo logo após a vitória eleitoral. Mas o que é uma sociedade socialista? Uma vez admitido que não se trata de uma sociedade como a escandinava ou a alemã nem de um regime de tipo soviético ou chinês, ninguém se preocupou em lhe dar uma definição: talvez porque a única plausível é que nela o Estado reteria o essencial do poder econômico. Mas não foi exatamente com a discussão sobre a extensão a ser dada às nacionalizações que se rompeu a união da esquerda, como se estas fossem a única expressão concreta do socialismo? Ora, isto não tem muito a ver com o que fez a força da idéia socialista e pode, como ocorre quando há concentração de poder nas mesmas mãos, até aumentar os riscos que correm as liberdades. Privado de referências históricas, não ousando mais, exceto em alguns museus ideológicos pouco visitados, se colocar como detentor da ciência da história e de suas leis, o socialismo não é nada mais que o conjunto desarmonioso daqueles que se ocultam sob seu nome.

Retorno da história

A crise dos valores industriais, o aparecimento de novas contestações e a invenção de novos conjuntos de conhecimentos e de tecnologias precederam, freqüentemente, de muito longe, a crise da economia industrial do Ocidente. Na França, durante o período que vai do grande abalo cultural e social de maio de 68 à tomada de consciência do fim da grande expansão industrial, a mudança das idéias e sensibilidades foi mais visível do que a das lutas sociais e políticas, a ponto de se acreditar que a história era desejo e palavra e não mais trabalho e investimento, que a sociedade era um sistema de ordem, um mecanismo de sustentação das desigualdades e de transmissão dos privilégios e não mais um modo de produção; enfim, que as lutas pela direção da economia eram substituídas pela revolta dos excluídos.

Esta visão, que isola tão superficialmente os problemas da produção, foi difundida sobretudo pelos intelectuais que se diziam marxistas. Foi numa linguagem herdada do socialismo que a dominação dos aparelhos ideológicos do Estado substituiu a luta de classes e a violência simbólica, a relação de produção. Estranha via crepuscular de uma *intelligentsia* que se agarrava a uma teoria distanciada nesse momento de toda prática. O pensamento social, alheio às práticas políticas em formação, tornou-se incapaz de qualificar e analisar as relações e os conflitos sociais. Vivemos assim um interminável distanciamento entre as palavras e as coisas. Alguns viam em toda parte o dedo escondido do deus monopolista; outros rejeitavam, em nome de uma contracultura, o conjunto de uma sociedade que não lhes interessava mais analisar e transformar. Os primeiros velavam o cadáver de uma ideologia que não representava mais nenhum movimento social; os outros, sua existência anunciava o aparecimento de novos problemas sociais, dos quais, entretanto, estes moralistas não poderiam ser os atores.

Estes anos foram só um entreato. Pensamos e agimos ainda com muita freqüência como se estivéssemos num estágio intermediário; mas já o superamos. Fomos expelidos do mundo sedutor das utopias, abalados pelas transformações técnicas, pela concorrência internacional, pelo desemprego, inflação, pela crise econômica e política. Assim explode a imagem artificial de uma sociedade que impõe sua ideologia dominante, isolando os desviantes e os descontentes, e protegendo os herdeiros. Como não seria falsa esta imagem de ordem, de estabilidade que pretendia descrever um país perturbado por industrialização excepcional, migrações massivas, concentração de poder econômico, rápida expansão do ensino, significativo aumento de intervenções do Estado em todos os setores?

Os intelectuais não dominam mais a situação. O barco balançou de tal forma que eles também, como todo mundo, estão de cabeça para baixo. A história retorna como uma tempestade. O tempo do discurso passou; é preciso voltar à ação prática. O debate nuclear, a difusão da informática, as perspectivas abertas pelas pesquisas genéticas, as transformações dos tratamentos médicos e, portanto, de nossa relação com a doença e a morte lembram-nos que nossa sociedade está sendo confrontada novamente e mais diretamente que nunca com os instrumentos e produtos de seu poderio e saber. Ao mesmo tempo aprendemos finalmente a rejeitar a idéia de que o crescimento e a elevação do nível de vida, medidos em capacidade de aquisição de mercadorias, estejam assegurados para sempre. o refreamento da economia e o desemprego vêm sendo acompanhados, com uma certa defasagem, pela renúncia às expectativas constantemente em alta há trinta anos.

Este é o momento em que deve reaparecer no proscênio as forças que dirigem a economia e aquelas que as combatem, em que idéias novas sobre a cultura e a sociedade devem substituir ideologias que só defendem os interesses dos ideólogos. Talvez as lutas e inovações sejam convenientemente geridas pelas instituições e vejamos os mecanismos de aprendizagem política funcionarem de maneira satisfatória; talvez, ao contrário, produzam-se tumultos, dando lugar à violência, exercida pela classe dirigente e pelo Estado, à qual levarão também as reivindicações que não encontrarem solução nas instituições. Em todo caso, entramos em um período em que a utopia desaparece diante da luta, mesmo que esta seja difícil ou puramente defensiva, em que a sociedade deve ser novamente vista como um conjunto de relações e de conflitos sociais abertos, em constante transformação, e não mais como um soberano impondo sua lei e reduzindo a minoria ao silêncio.

É por isso que, no momento em que declaro morto o socialismo e procuro apressar a decomposição das ideologias socialistas, conclamo também aqueles que se dizem marxistas, bem como aqueles — entre os quais me incluo — que não o são, a reencontrar a inspiração principal do marxismo para além de sua existência histórica, a saber, que as sociedades se produzem elas próprias através das lutas sociais para o controle dos meios materiais, intelectuais e morais dessa produção. O que devemos, novamente, aprender de Marx é a necessidade de colocar a análise a serviço da compreensão das lutas sociais. O movimento operário não era consciente e organizado em 1848 nem mesmo cinqüenta anos mais tarde. Sindicatos, associações de auxílio mútuo, cooperativas, agremiações, partidos, seitas, escolas de pensamento surgiam, quase sempre efêmeros pelos quatro cantos do mundo do trabalho. O papel da análise foi o de descobrir o que havia de comum em todas essas lutas e ajudá-las a se transformar em elementos de um vasto movimento social. Hoje, da mesma forma, vivemos em meio a uma multiplicidade de rupturas e de iniciativas, e certamente nem todas fazem parte do mesmo conjunto, mas contribuem muito para a formação de um novo campo cultural e de um novo movimento social. É preciso escutar e decifrar seus apelos. O conflito, o protesto, a iniciativa estão presentes em todos os lugares, embora fracos e desordenados. Essas forças de mudança e reivindicação não são evidentemente novas formas do movimento operário e da idéia socialista. Estes concentravam sua atenção sobre a economia; hoje é no campo da cultura que se armam as principais contestações. Conclamavam, com mais constância, o reforço do papel do Estado para lutar contra a apropriação privada das forças de produção; as lutas atuais desconfiam ou são hostis ao Estado. Ontem esperava-se que o amanhã trouxesse muito mais; hoje quer-se viver de outra forma, a partir de agora.

É preferível armar-se de uma hipótese significativa, que proponha uma mudança de sociedade, do que procurar encaixar fatos novos em categorias velhas. A crise do socialismo é indissociável do declínio de uma cultura, de um modo de produção e de relações de classe, e do surgimento de um outro modo de conhecimento, de outras formas de investimento e de poder econômico, de uma outra imagem do homem. Não são as mudanças quantitativas que podem impor a idéia de uma mudança social, mas o reconhecimento de uma transformação profunda dos instrumentos através dos quais uma sociedade se produz, constrói suas relações com seu meio e vive novos conflitos.

Esta reflexão tem também uma finalidade prática: lutar contra os perigos da decomposição de um modelo de ação esgotado; evitar que o fim do socialismo não paralise a esquerda e não crie um vazio que poderia ser preenchido por uma reação autoritária.

O momento de falar

Este livro é um esforço de unir uma análise da situação da esquerda na França de hoje, uma reflexão sobre o socialismo — modelo político ao qual ela continua a fazer referência, mas que mais a paralisa do que a inspira —, e uma exploração do novo campo cultural e social no qual já entramos. Se ele se afasta dos acontecimentos e das opções mais atuais, é porque não estamos vivendo uma simples crise, mas sim o esgotamento e a morte do modelo socialista, no momento exato em que as estratégias complexas dos signatários do Programa Comum pareciam lhe dar novamente vida. O que tinha sido movimento social há muito tempo não passa de forças políticas e hoje se reduz a uma ideologia tão inconsistente quanto peremptória.

Chegou o momento de dissipar as aparências, de romper os silêncios eloqüentes e de reconhecer que o modelo político da esquerda francesa não corresponde mais a nenhuma realidade, senão aos interesses de alguns aparelhos. Ruptura tanto mais urgente que a esquerda francesa, após o fracasso de uma estratégia que se assentava, de ambos os lados, sobre a má-fé, não pode senão caminhar para a ruína; tanto mais rápida que a crise econômica e política internacional reforça a necessidade de segurança e de proteção, acentua a rejeição das minorias, provoca a autodefesa, o medo da agressão e a procura de bodes expiatórios. Já está renascendo um pensamento de direita que apela para a unidade da comunidade e a defesa de sua herança biológica e cultural contra aqueles que ameaçariam sua identidade, sua força e sua hierarquia. Estaremos seguros de que, confrontados a um crescimento do autoritarismo e da repressão, as grandes forças oficiais da esquerda se comportariam melhor do que seus ancestrais de Weimar, ocupados também em se condenarem uns aos outros, enquanto se tornava irresistível a ascensão do nazismo? Não será antes junto a esses movimentos confusos e mesmo contraditórios, sempre em crise, que se encontra já a maior capacidade de resistência e de contra-ataque a todas as formas de pensamento e de ação que ameaçam a democracia? É para todos os que teriam se manifestado contra as guerras coloniais se tivessem idade na época, que participaram talvez do movimento de maio de 68, que se manifestam contra a política nuclear, participam da luta contra o desemprego, dão impulso à causa das mulheres, atacam o centralismo estatal, que escrevo, para reforçar suas lutas, iluminando melhor o campo onde se situam e os riscos que correm.

Há muito tempo o movimento socialista deixou de existir; seus dois componentes — a defesa dos trabalhadores e a gestão do Estado — afastaram-se um do outro. No Ocidente, os sindicatos reforçaram-se e protegem uma nova classe média, enquanto que os governos social-democratas se integram cada vez mais na defesa econômica e militar do mundo capitalista. No Leste, o Estado socialista é ao mesmo tempo ditadura e classe dirigente, e o sindicalismo, integrado ao aparelho de Estado, é rejeitado pelos trabalhadores. Na França, ambas as tendências se manifestam: socialistas e comunistas agem sempre como defensores das categorias dos assalariados que estão mais bem organizados; mas a maior parte de seus dirigentes gostaria de se tornar senhores da economia e do Estado. É perigoso vê-los apenas como chefes de um antigo movimento social circunspecto, burocratizado ou tornado reformista. O declínio de um movimento social passa, certamente, por essa etapa, mas ele vai muito além, até preparar a formação de uma nova classe dirigente, de novos senhores do Estado. Os chefes políticos da burguesia, Guizot e Thiers, exaltavam, na Revolução Francesa, a luta vitoriosa de sua classe sobre a aristocracia, fazendo tudo para estabelecer a dominação sobre o proletariado. Da mesma forma, os redatores dos principais ítens do recente Projeto Socialista evocam com veemência as lutas operárias contra o capitalismo, mas eles são, de fato, os ideólogos arrogantes de uma classe dirigente em ascensão, avançando ao poder e impaciente para chegar a ele. Leiam este texto: "Vocês não encontrarão a languidez de uma social-democracia gasta, mas o vigor de uma jovem tecnocracia''. Este documento espantoso apela para o poderio, para a produção, para o Estado; mostra, sobretudo, o espírito infalível através do qual uma classe dirigente denuncia a que ela quer dominar. Tal como o patrão do século XIX, que vilipendiava a preguiça ou a arrogância dos operários, ele se agarra — e em que tom! — naqueles que recusam o trabalho, que anseiam ardorosamente uma verdadeira vida comunitária e questionam a família, a indústria e o Estado. Esses autores estão do lado do povo no combate que ele empreendeu há um século, mas, nas lutas de hoje, associam-se ao Estado, do qual esperam se tornar os dirigentes, e preparam-se para fazer sentir o peso de seu poder sobre todos aqueles que não se inclinarem diante do Estado racionalizador e da razão de Estado.

Seguramente o povo de esquerda, massa imensa de eleitoressocialistas e comunistas, está bem longe dessas ambições. Ele ainda está à frente de lutas que, por mais antiga que seja sua origem, não deixam de estar vivas; procura se proteger contra a insegurança e a pobreza, e mantém-se próximo dessas vanguardas corajosas e desordenadas que conduzem os primeiros combates da sociedade nova. Os militantes políticos estão, na sua maior parte, muito distantes desse projeto tecnocrático — que François Mitterrand introduziu com uma apresentação cuja inspiração é completamente oposta e lhe permite uma perfeita liberdade de iniciativa. Estarei dando demasiada importância a esse documento realmente escandaloso que suscitou até aqui somente uma notável indiferença? Entretanto é esse o texto que o maior partido francês escolheu como expressão oficial de seu pensamento político. Mas a lógica do Programa Comum não era, na realidade, acelerar a formação de uma nova elite dirigente, aflita em reforçar o poder do Estado e de si mesma?

É tão perigoso hoje acreditar que vivemos ainda a seqüência das lutas operárias do começo do século quanto era, na época, acreditar que os radicais anticlericais estavam do lado da classe operária. Urge romper o vínculo que nos une ainda, a nós, os eleitores de esquerda, aos politiqueiros gastos e aos jovens tecnocratas ávidos por substituir a velha burguesia. Por isso o mais importante é reconhecer os atores, os conflitos e os riscos da sociedade em que vivemos, que não é mais a sociedade da industrialização. Isto supõe observar as lutas reais e construir análises novas capazes de as avaliarem, assim como ajudar, através do julgamento e da ação, o fortalecimento das novas forças sociais de oposição e os combates empreendidos contra os velhos e os jovens lobos.

A preocupação com os acontecimentos atuais não deve, de imediato, prevalecer. Não vivemos unicamente as conseqüências do fracasso da união da esquerda ou das altas sucessivas do preço do petróleo. Vivemos uma mudança de sociedade em um contexto econômico difícil e em uma situação política marcada pelo apego da esquerda à linguagem e às idéias de seu passado. É preciso conhecer a dimensão dessa mutação, definir o que morre e o que nasce, antes de refletir sobre a maneira de intervir. A conduta seguida aqui pode surpreender. Normalmente a esquerda fala mais facilmente de seus adversários do que dela mesma, o que parece lógico, pois eles detêm o poder e impõem a todos certas formas de viver e de pensar. Freqüentemente os militantes só se interessam em prever a próxima iniciativa do governo e do patronato, para melhor combatê-la. Mas essas imagens militares são enganadoras; elas supõem o confronto de dois exércitos de forças mais ou menos equilibradas, tentando se apoderar do mesmo campo de batalha. Ora, hoje a esquerda socialista não se compara à tecnocracia ascendente; ela está com atraso de uma guerra social. Mas não se deverá isso ao fato de ela ainda permanecer apegada a análises gerais que não correspondem mais à realidade e de se esgotar tentando se adaptar a situações que não compreende mais? Sua política degradou-se em estratégia e esta em tática. É preciso que a esquerda socialista ouse finalmente perguntar-se o que ela é, contra o que luta e quais são os riscos desse combate.

Trata-se de revitalizar, ou seja, dar esperança e convicção aos movimentos sociais e políticos que lutam contra os dirigentes do poder. Não deve haver separação entre uma análise do modelo socialista herdado do passado, hoje em plena decomposição, e as escolhas mais próximas. É preciso compreender o socialismo de ontem para inventar a partir de hoje o pós-socialismo.

PRIMEIRA PARTE

O FIM DO SOCIALISMO

1. O MODELO SOCIALISTA

A ação política da esquerda não consiste somente em defender os explorados. Apoiando-se numa teoria da exploração, deve também definir uma sociedade liberada e os meios para se chegar a ela. A burguesia pode governar sem recorrer a uma concepção explícita de sociedade; o amor ao dinheiro a substitui. Mas a esquerda, quando está na oposição, não pode ser puramente pragmática; daí a importância das idéias e dos intelectuais. Não seria ceder a um gosto duvidoso por genealogias perguntarmos hoje de onde vem o modelo de pensamento e ação política de esquerda? Palavras que parecem gastas — mais-valia, proletariado, classe operária — nos guiam, entretanto, em direção ao modelo que dominou a esquerda durante três quartos de século: o socialismo. Compreender a situação e a crise da esquerda na França hoje é, antes, definir o modelo socialista e em seguida mostrar por que ele não corresponde mais à sociedade onde vivemos.

Defini-lo parece simples: como um termo empregado com tanta freqüência não seria claro? Entretanto, é nesse momento que é preciso pedir ao leitor um esforço: não que seja muito penoso definir o socialismo; o desgaste do tempo, porém, confundiu seus traços.

Uma ação operária limitada

A indústria aparece a partir do momento em que não se investe mais capital só para assegurar a circulação de mercadorias e a especialização dos campos de produção, mas para impor aos operários do interior de uma fábrica uma organização coletiva de trabalho, uma forma de *divisão do trabalho*. Esta simples observação não é só para situar a economia industrial em relação à mercantilista; ela a separa também da pós-industrial, que prefiro chamar de *programada*. Nesta última, o investimento, em vez de modificar somente a organização do trabalho, transforma a própria capacidade de criação, inventando novos produtos a partir de conhecimentos científicos e tecnológicos, e agindo sobre a administração geral da empresa concebida como um sistema de produção, de transporte e de utilização de informações. Em cada um destes tipos de economia, as relações de classe são diferentes. Na economia mercantil, o comerciante domina o artesão rural ou urbano; na programada, o patrão é o tecnocrata que dirige um aparelho de produção e de administração com capacidade de impor produtos, um modo de vida ou de organização social a um público. E em toda sociedade industrial, o trabalhador está submetido ao investidor-organizador, seja ele um capitalista nacional ou estrangeiro, um Estado nacional ou estrangeiro, e até uma cooperativa ou conselho municipal.

É portanto característico da ação operária, em toda sociedade industrial com propriedade privada ou pública, situar-se em um certo nível do sistema econômico, qual seja, o da *organização do trabalho*. A importância desta organização é certamente considerável, mas permanece acima dela o domínio da criação de produtos e de informações. É por isso que o socialismo invoca sempre as forças de produção e seu movimento natural, o que explica o fato de a luta social não penetrar nesse nível. O respeito ao instrumento de trabalho, tão fundamental na consciência operária, é a tradução, na consciência individual, de certo reconhecimento dos limites da luta de classes, limites que são ao mesmo tempo um princípio de legitimidade, pois a luta de classes conclama a uma gestão coletiva das forças de produção, que devem, uma vez liberadas, trazer a abundância e o fim da exploração.

O MODELO SOCIALISTA

A *consciência de classe operária* é tanto mais forte quanto mais direto o confronto entre o trabalho do operário, sua habilidade, sua profissão e a organização do trabalho tal como ela é imposta pelo patrão da fábrica e por seus agentes. Uma pesquisa feita num grande número de locais de trabalho permitiu-me mostrar que a consciência de classe é mais viva precisamente onde os operários da linha de produção encontram-se submetidos a uma produção em massa, que emprega sobretudo operários não-qualificados. Os ferramenteiros e os operários de manutenção das grandes empresas de transformação de metais ou de montagem mecânica ou elétrica são o exemplo mais importante de uma forte consciência de classe, e não foi por acaso que desempenharam um papel central na construção do sindicalismo.

Essa consciência de classe não é uma simples idéia, uma opinião; ela está ligada à experiência cotidiana e sobretudo à imposição de um rendimento e à relação da remuneração com esse rendimento. Ela se opõe direta e radicalmente à dominação de classe, ou seja, à relação social mais importante em uma sociedade industrial. É chocante ver-se o desprezo com que tantos ideólogos socialistas encaram as lutas operárias, que a seus olhos não atingiriam nada de essencial; enquanto uma nacionalização transformaria de modo mais profundo a condição operária. Isso é falso: a nacionalização *por si não modifica em nada as relações de classes*, como provam por exemplo as observações de Haraszti*, que encontrou nas fábricas estatizadas da Hungria os mesmos comportamentos operários observados nas empresas americanas nas primeiras grandes pesquisas de sociologia industrial.

A ação operária é uma ação de classe e não um partido político que pode levar aos operários a consciência de classe, inculcando-lhes sua ideologia. Mas essa ação de classe tem *limites*. Ela não penetra no domínio das forças de produção e de seu desenvolvimento. É tão falso acreditar que a consciência de classe operária pode edificar por si mesma uma sociedade de trabalhadores quanto identificá-la com uma consciência política. As esperanças depositadas nos conselhos operários e nos sovietes são importantes porque estiveram sempre

---

* O leitor encontrará no final do livro a lista das obras citadas.

associadas a uma luta trágica contra o despotismo do partido e do Estado, mas estão longe de ter demonstrado que se pode passar, sem ruptura, da contestação social à gestão econômica e política. Por outro lado, a redução da classe para si à dominação de um partido sobre uma classe abriu as portas à ditadura sobre o proletariado. Na sociedade industrial, a ação da classe operária é fundamental, mas tão limitada quanto a capacidade daquela de agir sobre si mesma.

Assim, a classe operária é o agente principal, do lado popular, na sociedade industrial; mas sua ação, por mais forte que seja, permanece restrita no nível onde se exerce a dominação de classe: a organização do trabalho. Da mesma forma, nas sociedades mercantilistas pré-industriais, a ação de classe dos artesãos e, comumente, dos camponeses era limitada, e de um modo ainda mais estrito, porque as relações de classe se situavam só no nível da troca e não da organização do trabalho ou da criação de novas capacidades de produção. É somente na sociedade programada que se constitui no presente que a ação da classe popular — que será necessário definir mais precisamente — ultrapassa o domínio da organização e dos meios de trabalho, para se elevar ao nível dos objetivos da produção e de se opor, por conseqüência, ao conjunto do sistema econômico e social.

O socialismo e o Estado

O socialismo não intervém nas relações de trabalho, mas na propriedade das empresas; não ataca as relações de produção, mas a direção capitalista da economia. Aqui é preciso ainda desobstruir um caminho: nada autoriza a confundir os problemas de funcionamento da organização industrial, ou seja, as relações de classe, com os da industrialização, portanto, da transformação histórica. Saber quem dirige a industrialização não é saber quais as relações entre os trabalhadores dependentes e os administradores ou chefes de empresa em uma economia industrial.

Separemos o que é sempre confundido. *O capitalismo não é um modo de produção, mas um modo de desenvolvimento*

— *a industrialização dirigida por uma burguesia.* Ele pode não ser industrial, ser pré-industrial, ou seja, mercantil, ou pós-industrial, ou seja, programado. A sociedade industrial, por sua vez, pode ser capitalista, se a propriedade dos meios de produção for privada, ou socialista, se esta propriedade é pública. Pode-se instaurar o socialismo sem mudar as relações de classe na indústria; pode-se sair da sociedade industrial, como o fizemos neste fim de século, sem sair do capitalismo. A separação do *modo de produção e do modo de desenvolvimento* se traduz diretamente pela separação da *ação operária,* que acontece no modo de produção industrial, e da *política socialista,* que combate o modo de industrialização capitalista.

A confusão das relações de classes e do modo de desenvolvimento se explica historicamente. A industrialização arrastou primeiro os países onde a classe dirigente era a mais dinâmica e se encontrava mais isolada de um Estado guardião das tradições e dos privilégios. Nesses países, dos quais a Grã-Bretanha chefiou incontestavelmente a fila, a industrialização foi, portanto, dirigida pela burguesia. Os banqueiros, os grandes empreendedores, os negociantes tornaram-se industriais exercendo ao mesmo tempo o papel de industrializadores e de classe dirigente, enquanto o Estado se colocava a seu serviço, reprimindo as lutas operárias e construindo um império colonial. Essa recuperação quase total da classe dirigente e do Estado só aconteceu nos Estados Unidos, que se tornou, depois da Inglaterra, o centro do sistema capitalista. Já na França, e ainda mais na Alemanha, Itália e Japão, e de modo extremo em outros países, o Estado foi dissociado da burguesia, tomando constantemente a iniciativa da industrialização, às vezes para constituir uma burguesia nacional, às vezes para substituí-la ou mesmo destruí-la. Na Inglaterra vitoriana, onde a sociedade civil prevalece totalmente sobre o Estado, pode-se identificar o socialismo com o movimento operário, como fez o marxismo. Fora dela é impossível. Identificar, por princípio, a ação da classe operária e um modo socialista, anticapitalista, de industrialização, torna incompreensíveis os problemas mundiais do socialismo.

Chamam-se socialistas as formas de passagem de um modo de produção a um outro que seja anticapitalista. Esta definição negativa é mais rica que aquela que define o socialismo pela propriedade de Estado. De fato o capitalismo foi historicamente associado, de maneira provavelmente fundamental, ao imperialismo, à dominação das barganhas internacionais. Os Estados socialistas não são só planificadores; eles também lutam para se liberar das sujeições do mercado mundial dominado pelos grandes países capitalistas. É por isso que podemos denominar socialistas os Estados do Terceiro Mundo que só recorrem parcialmente à planificação, que não têm a mesma organização social e política dos países comunistas, mas empreendem uma luta contra a colonização e outras formas menos completas de dependência.

No interior dos países capitalistas, o socialismo designa uma ação política destinada a aumentar a intervenção do Estado na economia e a limitar ou suprimir o papel dos empreendedores privados. É aqui que intervêm as diferenças que dividem o movimento socialista em muitos tipos de partidos, quase sempre opostos uns aos outros. Quanto mais um país é industrializado ativamente por sua burguesia, menos será ele marcado pelo apelo ao socialismo. É o caso dos Estados Unidos; foi durante muito tempo o caso da Grã-Bretanha, onde, primeiro, só os Fabiens* de uma forma limitada, e sobretudo os partidários do Guild Socialism** recorreram a nacionalizações, antes que a idéia se espalhasse quando chegassem os anos difíceis. A Alemanha é o mais importante dentre os países social-democratas, ou seja, o país onde o movimento operário, aceitando a direção capitalista da economia, acredita na possibilidade de transformar as relações de classe nas fábricas. A social-democracia se define pela prioridade dada à modificação das relações de trabalho sobre a mudança de propriedade das empresas. Mas o capitalismo alemão é, há muito tempo, tão dinâmico que o programa social-democrata foi sempre su-

_____

    * O autor se refere aos membros da Fabian Society, sociedade socialista inglesa fundada em 1883, que tinha por referência um ideal moral, visando reconstruir a sociedade através de uma ação progressiva, segundo os métodos de Fabius Cunctator e rejeitando a teoria marxista. Associada desde 1900 aos Trade Unions, ela esteve na origem do Partido Trabalhista (Labour Party), sobre o qual ainda exerce grande influência. (N.T.)

    ** Sistema no qual as indústrias seriam controladas por um conselho de seus próprios empregados. (N.T.)

O MODELO SOCIALISTA   35

perado por uma intervenção sindical mais direta a favor das negociações coletivas ampliadas. Este já era o espírito da comunidade de trabalho, introduzida em 1918 e que se traduziu no artigo 165 da Constituição de Weimar, que versava sobre a democracia econômica, enquanto que a posição de Kautsky, favorável às nacionalizações, permanecia minoritária. No pósguerra, a criação e a extensão da co-gestão tomaram o mesmo rumo, ainda que desde seu congresso em Bad Godesberg o partido social-democrata tivesse abandonado a idéia de uma socialização dos meios de produção. A Suécia, apegada a essa idéia após a Primeira Guerra, abandonou-a quando os social-democratas chegaram ao poder um 1932, em uma situação econômica favorável. Os célebres acordos de Saltjbaden, assinados em 1938 entre o patronato e a central sindical LO, estabeleceram de forma sólida a primazia das relações contratuais na indústria.

Onde a burguesia é mais fraca e está mais preocupada em manter seus privilégios do que modernizar a indústria e onde o Estado desempenha o papel de protetor dos interesses adquiridos e das tradições culturais, a social-democracia cede lugar ao socialismo propriamente dito, que dá prioridade à ação política para a conquista do Estado e a substituição da propriedade privada pela propriedade pública. A Áustria e a França foram as principais pátrias deste socialismo. A tradição revolucionária do socialismo francês ainda manteve por longo tempo, incluindo-se aí a SFIO,* sua oposição ao tema das nacionalizações, julgado reformista. Ele só foi introduzido pelos "planistas" da CGT,** seguindo a corrente de idéias lançada por Henri de Man na Bélgica e também pelos "neo", que acabaram desembocando no fascismo.

Finalmente, onde o Estado autocrático triunfou sobre uma burguesia fraca e quase sempre indiferente, como foi o caso na Rússia e na China, a luta operária, necessariamente

---

* Ver nota do tradutor da página 18

**Confédération Générale du Travail (Confederação Geral do Trabalho). É a maior organização sindical francesa atualmente, com 2 milhões de filiados. Foi fundada em 1895, em Limoges, e afirmava, na época, sua independência em relação aos partidos políticos. A CGT é controlada, desde o fim da Segunda Guerra, pelos representantes de tendência comunista. (N.T.)

débil, ficou completamente subordinada à ação de um partido político cujo objetivo principal era a tomada do poder pela força.

Esta hipótese geral sobre o painel das formas de socialismo, que vai do sindicalismo de negociação direta e da social-
democracia ao socialismo e ao comunismo, é reforçada por
estudos históricos mais precisos que seguem a passagem de um
tipo de socialismo a outro, em um dado país, segundo as mudanças de sua situação econômica. O livro de Bergounioux e
Manin sobre a social-democracia fornece excelentes análises
de tais passagens, em particular nos casos da Grã-Bretanha
e da Alemanha. As relações entre a ação da classe operária
e o movimento socialista são, claramente, mais de oposição
do que de continuidade. Quanto mais a classe operária é forte, o que supõe que o capitalismo também o seja, mais a ação
política socialista é fraca. Os sindicatos são, então, o agente
principal da classe operária e mesmo os dirigentes políticos são
sempre de origem operária, como é o caso dos países social-
democratas. Onde, pelo contrário, as relações de reprodução
são mais fortes que as relações de produção, onde a defesa
das heranças e dos privilégios é mais ativa que a busca da inovação e do lucro, a ação política se sobrepõe à ação sindical.
Os dirigentes políticos não são, neste caso, de origem operária, mas sim intelectuais oriundos da burguesia, como na França e na Áustria, ou revolucionários profissionais, como na Rússia e na China.

Isso não significa que o socialismo seja o adversário do
movimento operário ou um instrumento político a serviço dos
intelectuais que procuram conquistar o aparelho de Estado para
substituir os empresários. Na realidade, em todos os casos,
o movimento operário tem uma capacidade de intervenção limitada. Ele não intervém na luta pela direção da industrialização: ou bem aceita a direção capitalista da economia, combatendo dentro das empresas, ou se subordina aos partidos
que visam a conquista do Estado com o risco de perder sua
capacidade de intervenção autônoma nas empresas. A característica de todas as sociedades industriais é essa limitação do
campo de ação dos movimentos sociais sempre dominados por
forças e por um poder que lhes escapam. Limitação que só
pode desaparecer com sua entrada na sociedade programada,

O MODELO SOCIALISTA   37

ou seja, quando o conflito de classes puder se alçar além do
nível de organização do trabalho até o da própria gestão econômica.
    Essa dualidade da ação sindical e da ação política se tra-
duz também no nível mais teórico. Bahro trouxe essa idéia para
o centro de sua análise. Ele distingue dois níveis no marxismo: o que mostra a luta do proletariado e da burguesia, e aquele onde esse mesmo proletariado recebe uma missão universal. O que significa voltar a confiar essa missão aos intelectuais, quer dizer, aos aparelhos e finalmente aos Estados que
falam em nome do proletariado.

As leis da história

        Em resumo, a ação operária não pode conquistar a dire-
ção da transformação econômica; ela não pode penetrar num
domínio que está acima do das relações de classe. Permanece
subordinada à ação política socialista que visa a conquista do
Estado e a destruição, através dele, dos obstáculos ao progresso
das forças de produção. Estas se deixam conduzir num movimento de crescimento e diversificação, como o conjunto da
natureza e como toda a vida social; mas não é preciso que elas
sejam aprisionadas pelo conservadorismo das vantagens con-
quistadas. Não é a ação operária que cria a sociedade livre
do futuro; ela só pode agravar e fazer explodir as contradições do capitalismo. Não é nem mesmo a direção política do
movimento socialista que pode consegui-lo: é a própria história. Daí o *cientificismo* tão presente no pensamento socialista
e a insistência dos principais partidos socialistas em se afirmar como portadores da ciência das leis da história. Daí sobretudo a subordinação no movimento socialista a uma ação
operária que não pode jamais ser inteiramente senhora do sentido de sua ação. Ela não carrega um projeto de sociedade;
ela é carregada pelas contradições da sociedade de classes.
        O pensamento socialista reconhece que os homens fazem
sua história, mas acrescenta em seguida que eles não sabem
que a fazem, o que equivale dizer que eles não são agentes,
mas somente instrumentos. Não existe, portanto, movimento

socialista, união entre um movimento operário e uma ação política, senão através desta filosofia da história e dos *intelectuais* que são seus portadores. Seu papel não é o de uma categoria à procura de uma forma egoísta de defender seus próprios interesses ou confiscar o poder em seu proveito, mas consiste em unir a ação social e a intervenção histórica, a luta de classes e o poder de Estado.

O socialismo é portanto a associação de três elementos fundamentais: a ação operária, a derrubada pelo Estado dos obstáculos ao desenvolvimento econômico e a crença no progresso natural das forças de produção. O primeiro pode ser chamado social, o segundo, político e o terceiro, ideológico. Associemos de modo mais estreito um ao outro: o socialismo é a ação de transformação da luta da classe operária em ação política a serviço do progresso material e social. Vê-se que o socialismo está historicamente ligado à sociedade industrial, pois é ali e ali somente que a ação da classe operária se coloca no domínio da organização do trabalho e recorre, acima dela, ao movimento natural das forças de produção.

O socialismo é inseparável da idéia revolucionária, e onde a mudança gradual de uma sociedade parece assegurada ele desaparece em favor de um sindicalismo progressista. Mas fala-se tão freqüentemente, e por qualquer motivo, de *revolução*, que a palavra deve ser definida historicamente e não doutrinalmente. A revolução é a associação de um movimento de classe popular com a derrubada de um antigo regime. Foi Lenin quem deu esta definição de maneira mais clara: ninguém escolhe, disse ele, entre uma via revolucionária e uma via reformista; em situações em que existem os mecanismos institucionais de transformação social, eles devem ser utilizados; e é naquelas em que eles não existem ou não existem mais que a situação é revolucionária. Com a condição de que os golpes de Estado, assim tornados possíveis, sejam associados a uma luta de classe e provoquem, através dela, uma ruptura revolucionária — ligação que não se estabelece facilmente e se produz sobretudo quando explode uma crise geral de ordem social, em particular uma derrota militar que ameace o Estado, sua soberania e seu poderio. É por isso que a história sempre nos mostrou a união da guerra e da revolução.

O socialismo não se define como um projeto político, mas

O MODELO SOCIALISTA

como uma resposta a uma necessidade histórica: se ele não triunfar, será a barbárie. Ele é naturalmente revolucionário, porque não pode associar a defesa operária e a conquista do Estado senão em uma situação de crise geral do capitalismo.

O Grande Partido

O socialismo toma necessariamente a forma de um partido, ou melhor, de um Grande Partido. Só esta forma extrema de organização política responde à natureza de uma ação que é ao mesmo tempo social, política e ideológica. O partido representa a classe operária; ele é um contra-Estado e pode tornar-se o Estado; ele é o detentor do sentido da história e intervém em nome da ciência. É com razão que, durante muito tempo, a esquerda francesa, mesmo a não comunista, dizia *o* Partido para designar o partido comunista. Não era só porque a SFIO se encontrava desagregada, mas porque o partido comunista não é um partido como os outros. Roberto Michels e Ostrogorski, desde o fim do século passado, reconheceram a novidade quase absoluta dos partidos socialistas. Habituados há decênios à existência de grandes partidos comunistas e socialistas, acabamos por esquecer o que sua existência tem de excepcional e não percebemos que este tipo de organização política se desfaz aos nossos olhos.

Os partidos social-democratas alemão e austríaco, e depois os leninistas, nos deram, durante quase um século, a imagem perfeita de um Grande Partido, ao menos onde o partido-Estado não foi destruído pelo Estado-partido e seus militantes, fuzilados ou deportados pelo poder pós-revolucionário. Partidos de intelectuais revolucionários, para quem a teoria comanda a política que comanda a ação social, mas permanecendo como partidos de classe, não por sua composição ou direção, mas, quase sempre, por sua estreita associação com as lutas operárias. Partidos poderosos e frágeis ao mesmo tempo: poderosos porque massivos, impulsionados por militantes bem mais numerosos que os de outra formação política e sustentados pela força do descontentamento popular; frágeis porque o papel central que nele ocupa a teoria socialista provoca, como nas Igrejas, heresias, cismas e disputas doutrinais. Frágeis sobretudo porque um partido socialista (seja social-democrata ou comunista) não consegue jamais sobrepujar completamente a oposição em seus dois componentes principais — a defesa das lutas operárias e a conquista do poder — e permanece sempre dividido entre uma tendência *sindicalista* e uma tendência *gestionária*.

Régis Debray define bem a forma extrema de sua tendência política quando escreve: "Não são os partidos que fazem as revoluções. São as revoluções que, uma vez consumadas em Estado, fazem os partidos". O que é válido para os partidos comunistas dos países do Leste, mas marca também sua transformação em aparelhos de Estado e em agências de controle social, de imposição cultural e de repressão política. O Grande Partido oferece a seus militantes um meio de vida e de pensamento ao mesmo tempo integrador e gratificante. O indivíduo é atado aos objetivos de ação mais gerais e à evolução histórica através do aparelho de divisão do trabalho político. Ele encontra, desta forma, no partido uma comunidade de idéias e o sentimento de participar com muitos outros, próximos ou distantes, de uma tarefa imensa, cuja grandeza se encarna nos dirigentes, investidos de uma missão histórica e portanto depositários de uma legitimidade mais assemelhada com a de um chefe de Estado ou de Igreja do que com a de um representante do povo. As críticas clássicas de Michels contra a oligarquização dos partidos de massa não são dirigidas nunca às suas disfunções, mas à sua própria natureza de instrumentos de transformação das lutas sociais em ação política e até em evolução histórica. O Grande Partido não se situa no interior da sociedade civil; ele escapa, portanto, à forma democrática de representação política dos interesses sociais. Ele fala muito em nome do Estado e do futuro. É portanto, no mínimo, oligárquico e tende ao poder autocrático à medida que se aproxima do poder.

O caso francês

O socialismo é a forma dominante de ação política, conduzida em nome da classe operária em todas sociedades industriais, que não estão nem no centro da dominação capitalista nem em sua periferia extrema, em que a dominação colonial só permite aos países conquistados um papel de fornecedor de matérias-primas. É no interior desse modelo político que se situam as diferenças entre social-democratas, comunistas e socialistas. É preciso, portanto, apreciar mais de perto este último caso.

A fragilidade dos partidos e dos governos socialistas colocou em dúvida a existência desta categoria política. Ela não oscila necessariamente em direção seja do comunismo seja da social-democracia? Pior ainda, os partidos ditos socialistas não têm uma linguagem mais à esquerda que os partidos comunistas e uma prática mais à direita que a social-democracia? O caso francês permite que se coloque esta questão. No entanto, é impossível negar a existência de uma zona intermediária entre a social-democracia e o comunismo, salvo se negarmos a própria existência do modelo socialista tal como o tínhamos definido.

A zona do socialismo propriamente dito é aquela onde coexistem uma burguesia industrial importante e um Estado forte, bem como os agentes tradicionais de controle cultural, sendo a Igreja católica a principal delas, na Europa. Esta associação de um sistema de produção modernizador e de um sistema de reprodução conservador favorece o aparecimento de uma ação política que une de forma muito mais estreita a luta operária e o pensamento socialista. Régis Debray, que pode ser considerado o mais ardente defensor desse modelo socialista, reivindica para a França a honra de ser a pátria do socialismo.

Não é nossa culpa se a história fez da França a pátria do socialismo por excelência; se Cabet inventou a *palavra* comunismo, que já podia ser encontrada em Restif de La Bretonne; se o conceito chegou a Marx em 1844, enquanto perambulava por Paris; se a Comuna de 1871 deu-lhe sua primeira e ainda exemplar encarnação...; se a *Internacional* foi a canção dos mártires de Belleville;

se a *bandeira vermelha*, antes de dar a volta ao mundo teve de dar a volta no Champ-de-Mars, num dia de verão de 1791; se a plebe parisiense a reivindicou, num dia de fevereiro de 1848, na praça do Hôtel-de-Ville, como símbolo de sua libertação e emblema da nova França (Debray, 1978, pp. 15-16).

Régis Debray tem razão ao ver na França e sobretudo em Paris o lugar privilegiado do desenvolvimento de um socialismo que não se tornou social-democrata e só se tornará comunista quando a ascensão do nazismo e a luta antifascista derem mais importância aos problemas de Estado e da nação que aos da condição operária. Na França, a história da classe operária é em primeiro lugar uma história política.

É ainda Debray que diz, como evidência:

Do que se trata?... De política, ou seja, da luta entre classes sociais para o controle do poder. Nada de transformação *decisiva* da sociedade (mudar a vida) sem transformação do aparelho de Estado (mudar a política) (Ibid. p. 69).

Régis Debray só faz transmitir idéias e uma sensibilidade que dominaram quase toda a nossa história industrial. O sindicalismo sempre foi fraco na França, enquanto que a idéia socialista se nutriu bem cedo de uma vontade revolucionária, a princípio jacobina,* em seguida guesdista,** finalmente comunista, de luta contra o Estado. Sua força e sua arrogância, a grandeza de suas tradições militares, sobretudo napoleônicas, a influência da Igreja católica, mais inclinada a lutar por convicções do que por reformas, a superioridade das grandes escolas a serviço do Estado sobre as universidades mais próximas da burguesia, tudo isso fez da França, como mostrou Stanley Hoffmann e Michel Crozier, um país onde o que concerne ao Estado e à história aparece como mais nobre e mais

---

* Originalmente o apelido jacobino era dado aos membros de uma sociedade política e revolucionária instalada em 1790 em Paris, no antigo convento dos dominicanos da ordem dos jacobinos. A palavra é usada em seu sentido moderno, como sinônimo de republicano ardente e intransigente. (N.T.)

** Referência a Jules Guesde (1845-1922), fundador do primeiro jornal marxista francês, *LÉgalité* (1877-1883), e criador, com P. Lafargue, do partido operário francês, em 1880, com uma proposta internacionalista, coletivista e revolucionária. (N.T.)

sério que os problemas da burguesia e de seus adversários. Se bem que a França tenha sido antes de tudo um país de servidores públicos e de pequenos burgueses do que uma terra de empreendedores e de sindicalistas. Daí o desprezo com que foi tratada, nesse país, uma social-democracia, que tivemos o cuidado de definir. Didier Motchane escreve com a maior naturalidade (*Le Matin*, 7 de junho de 1979):

Há uma contradição permanente entre o desenvolvimento da organização de massa do movimento operário e a progressão de sua consciência de classe, quer dizer, de uma consciência política autônoma.

Este "quer dizer" é admirável e significa que a consciência de classe ou é política ou não é consciência de classe. E Morchane conclui: "A social-democratização do movimento operário é sua inclinação 'natural'". Já que ele não foi benévolo com a social-democracia, como não concluir que ele desconfia do movimento operário e espera que um partido o conduza ao caminho correto?

Este socialismo estatal e revolucionário não é de modo algum o apanágio do partido comunista. Pierre Rosanvallon e Patrick Viveret (1977) têm razão ao ver na SFIO tanto social-estatismo quanto no PC:

PCF e SFIO participam desta forma de uma mesma política da qual eles representam duas variantes: o PCF encarna a versão soviética do social-estatismo e a SFIO, sua versão republicana.

Mais uma razão para concluir: "É fazendo a junção destas duas versões que o PCF tentará impor sua hegemonia sobre a esquerda". O social-estatismo, de fato, conduz mais facilmente ao comunismo que à social-democracia. Esta serve de instrumento de repulsa aos socialistas, que são, ao contrário, fascinados pelo partido comunista e gostam de empregar uma linguagem leninista. O que, entretanto, freia essa atração pelo comunismo é o sindicalismo, permanecendo ele independente e ligado ao predomínio da luta de classe sobre a ação política. Isso porque defende interesses de categorias que, bem protegidas por um estatuto e outras garantias legais e contratuais, não se sentem fascinadas por uma revolução que talvez não lhes traga só proveitos.

Estamos aqui bem perto do modelo que domina a esquerda na França ainda hoje: prioridade à intervenção do Estado, papel subordinado do sindicalismo, crença em um forte crescimento. Estes temas estão mais evidentes no PC do que no PS, mas são também do Programa Comum, e é em torno deles que se juntou a maioria do partido socialista no congresso de Metz. Eles dominam, ainda em 1979, o Projeto Socialista, inspirado sobretudo em Jean-Pierre Chevňement. Não acabamos, portanto, de fazer uma viagem ao passado. O modelo socialista, que se moldou no momento da grande industrialização, foi suficientemente coerente e forte para se manter desde então, e comanda até agora o pensamento de esquerda na França. Mas continua ele correspondendo à nova situação social?

2. SUA DECOMPOSIÇÃO

Este modelo socialista, cuja existência explica os elos profundos que subsistem entre comunistas e socialistas franceses, se decompõe a nossos olhos. Fora da França, a distância entre social-democratas e comunistas é tão grande hoje que eles não se reconhecem mais como membros de uma mesma família política. Mais forte ainda é a oposição entre o sindicalismo dos grandes países capitalistas e os dirigentes dos Estados que se denominam socialistas. A linguagem tradicional do socialismo foi abandonada em muitos países; na França, onde ela é oficialmente conservada, só a empregam nas grandes cerimônias e com mais fidelidade pelos velhos dirigentes tradicionalistas do que pelos jovens militantes.

O socialismo, vimos, associa a luta operária, a intervenção do Estado modernizador e a crença no progresso. O que acontece hoje com cada uma delas?

O recuo da sociedade industrial

A grande expansão econômica do último quarto de século fez envaidecer-se a população industrial francesa. A França, tornando-se mais industrial, tornou-se também mais operária, e o sindicalismo, apesar dos numerosos obstáculos, aumentou sua influência. Esta lembrança é útil para que se evite aplicar à França ou à Alemanha a imagem de uma sociedade já "terciarizada", proveniente dos Estados Unidos, onde os *white collars* ultrapassaram em número os *blue collars* desde 1956.

De 1952 a 1972, lembra o *Afresco histórico do sistema produtivo* elaborado pelo INSEE,* as indústrias de equipamento viram elevar sua percentagem na população ativa de 9,4 a 13,7%, e a da construção civil e obras públicas, de 7,4 a 11,8%, o que compensou enormemente o declínio das de bens de consumo e de mineração. Foi somente ao longo desse período recente que a França tornou-se um país verdadeiramente industrial; mais de 40% da população ativa é operária.

Mas esse crescimento do emprego industrial é um fenômeno de curta duração, e uma tendência mais opressiva já começa a se manifestar.

Segundo os *Dados sociais* publicados pelo INSEE (edição de 1978), a população operária aumentou de 1,5%, de 1962 a 1968, de 0,9%, de 1968 a 1975, enquanto durante esses mesmos períodos o número de empregados do setor terciário aumentou de 3,8 e 3,6% e dos funcionários de nível médio, de 4,9 e 4,7%, e dos funcionários de nível superior e profissionais liberais de 4,5 e 5,6%. A nítida desaceleração do crescimento, grave crise de setores como a siderurgia acabaram por acentuar ainda mais a diminuição relativa da população operária. A indústria, além de não criar mais empregos, também os perde. As previsões para o período 1976-1983 anunciam um aumento de 288 mil pessoas na população ativa, mas uma baixa de 466 mil na população industrial, quase tão forte quanto a baixa na população agrícola (520 mil).

Se passamos da produção ao consumo, vemos que o item

---

* Institut National de la Statistique et des Études Économiques (Instituto Nacional de Estatística e de Estudos Econômicos). (N.T.)

de alimentação, vestuário e moradia nos orçamentos (ao preço de 1970) caiu, entre 1970 e 1980, de 59,1 para 52,7%, enquanto que o da saúde, transporte e comunicação, e da cultura e lazer progridem de 31,3 para 38,4%. Os produtos da indústria, bem como os da agricultura representam um item decrescente dos gastos dos consumidores.

É muito mais difícil descrever as transformações que ocorreram no interior da população operária. A idéia, muitas vezes expressa, de uma desqualificação massiva devido ao progresso da mecanização e da produção em larga escala não é exata, no que concerne à indústria. Em compensação, é provável que a distância entre as categorias profissionais aumente. A associação entre as categorias de oficiais e serventes se desfaz; muitos operários não-qualificados cumprem tarefas muito limitadas e repetitivas, enquanto que um número crescente de qualificados são destinados a trabalhos não diretamente ligados à produção. Esta divisão da classe operária é bastante acentuada por fatores econômicos e sociais: ao lado dos operários permanentes, que conquistaram garantias ou um estatuto, vemos crescer o número de trabalhadores temporários ou de tempo parcial, bem como o de assalariados de firmas empreiteiras. Em certas indústrias, como a de petróleo ou nuclear, estas duas populações se situam em condições de trabalho e de emprego tão diferentes que dificilmente podem agir em conjunto.

A condição operária, portanto, não desaparece, mas a ação operária se apóia cada vez menos na autonomia profissional e cultural que lhe dava a força de resistência e lhe nutria a perspectiva de uma sociedade de produtores. O tema da cultura proletária, ainda vivo no período pós-Primeira Guerra Mundial, desapareceu há muito tempo da ação sindical. A ação operária se define cada vez mais em termos econômicos, de nível de vida e, sobretudo, de garantia de emprego e de carreira.

Em um livro célebre, Ralph Dahrendorf (1959) sustentou que os conflitos de trabalho na indústria contemporânea não passam de conflitos de autoridade entre executivos e executantes, análogos aos que acontecem em todos os tipos de organização e desprovidos de uma dimensão mais genérica. Segundo ele, só os conflitos propriamente políticos têm hoje importância primordial. Ainda que não concorde sobre este segundo ponto, como não reconhecer que os conflitos não impedem os assalariados de participar do poderio e freqüentemente dos valores das grandes organizações privadas ou públicas que lhes asseguram um nível salarial e vantagens sociais superiores aos de outros assalariados? Aliás, esses conflitos estão cada vez mais institucionalizados, sobretudo nos países social-democratas. Na França, o tratamento institucional dos conflitos do trabalho é menos avançado e os direitos sindicais ainda são pouco respeitados; entretanto, apesar das significativas diferenças que existem de um país a outro, em toda parte a lei e os contratos intervêm para regulamentar as condições de trabalho. Paralelamente, o rápido desenvolvimento dos mecanismos de redistribuição, através do imposto e das contribuições e préstimos sociais, reduziu enormemente a importância do confronto entre o empregador e o assalariado. Hoje, cerca de um terço dos recursos de um lar médio na França provém dos sistemas de redistribuição. Os recolhimentos obrigatórios, ou seja, os conjuntos de impostos recolhidos pelo Estado ou pelas coletividades locais e as contribuições da Previdência Social representavam, em 1978, segundo o OCDE,* 53,1% do PIB, na Suécia, 46,7%, nos Países Baixos, 41,3%, na Áustria, 39,4%, na França, 38%, na Alemanha Federal, 33,2%, na Grã-Bretanha, 34,5%, na Itália, e 32,3%, no Canadá. Essa redistribuição nem sempre diminui as desigualdades, pois as categorias mais abastadas sabem obter melhor assistência, ou escapar, em parte, dos impostos. Mas ela modifica profundamente a condição operária. Para se convencer, basta dar uma olhada em algumas imagens de 1936 a lembrar o que significou, até data recente, o desemprego, que deixava as famílias na miséria. A distância econômica e social entre operários e funcionários diminui, ao menos fora do ambiente de trabalho, e quando se fala de pobres, hoje, é às pessoas idosas, aos trabalhadores imigrantes e às empregadas domésticas pouco qualificadas que se está referindo. O que não significa, de nenhuma forma, que estamos entrando em uma sociedade igualitária ou indiferenciada. Mas a classe operária

---

* Organisation de Coopération et de Développement Économique (Organização de Cooperação e de Desenvolvimento Econômico). (N.T.)

deixa de ser, pouco a pouco, um grupo social e cultural profundamente diferente dos outros e mantido à margem da sociedade, tal como ela aparecia ainda, há quase um século, nas pesquisas analisadas por Halbwachs.

Estas transformações não podem, sem dúvida, ser explicadas fora da ação dos sindicatos e dos partidos de esquerda. Mas o fato é que elas enfraquecem o que se pode chamar de "consciência política", ao mesmo tempo que as transformações do trabalho e sua burocratização crescente provocam o declínio da consciência de classe. Após ter crescido bastante, os efetivos sindicais começam a diminuir em muitos países, em particular nos Estados Unidos, onde a população de assalariados sindicalizados diminuiu de 25 para 20%, de 1955 a 1975. Durante o mesmo período, em meio ao plebiscito organizado pelo *National Labour Relations Board* americano, para saber se os operários gostariam de ser representados por um sindicato nas negociações coletivas, a proporção de votos a favor dos sindicatos caiu de 65 para 45%: em mais da metade dos casos, os assalariados se recusaram a ser representados por um sindicato! Na Grã-Bretanha, o efetivo dos sindicatos continua a aumentar, mas sua capacidade de captação está diminuindo. A nova situação econômica explica, em parte, essas dificuldades, e, mais diretamente, o recuo dos partidos socialistas em numerosas eleições recentes, notadamente na Suécia e na Grã-Bretanha, onde eles perderam o poder, o que, de modo geral, está ligado à dificuldade de se acentuar mais a política de redistribuição massiva, que era até então a principal arma das social-democracias.

Mas a evolução técnica, econômica e política não é suficiente para explicar o enfraquecimento do sindicalismo. É, de maneira mais profunda, a forma sindical de representação dos interesses dos operários que está em causa. Os trabalhadores não podem se reconhecer facilmente como militantes e responsáveis engajados, ao mesmo tempo, em negociações de tipo político e em uma ideologia rígida que se traduz diretamente em seu comportamento e, em primeiro lugar, em sua linguagem. Daí, em todos os países, haver uma separação crescente entre as ações de base, comumente limitadas, às vezes violentas, e as estratégias sindicais, análogas às dos partidos políticos, obrigados a pensar e agir de modo gerencial. O sindicalismo vive a situação difícil de todas as forças políticas que, estando na oposição, devem ao mesmo tempo agir como forças de governo. Os italianos imaginaram maneiras de combinar o senso das responsabilidades econômicas encarnado por Bruno Trentin e o reconhecimento dos comitês operários de base. Na França, ao contrário, o sindicalismo permanece centrado em seu nível médio, o dos militantes sindicalistas e políticos que se esgotam conciliando os opostos.

Seria falso falar do fim da sociedade industrial. Ninguém diz, e eu muito menos, que a classe operária está desaparecendo ou então que não há mais movimento operário. Pelo menos oito milhões de homens e mulheres trabalham nas fábricas, nas oficinas e nas construções, e estão submetidos a relações de classe típicas do capitalismo industrial. Todo mundo sabe disso; mas o que acreditamos demonstrar lembrando essas evidências e amaldiçoando aqueles que acusamos de as esconder? A maioria dos franceses trabalhavam na terra há 150 anos; isto não significou, entretanto, que a revolução viria dos campos. Da mesma forma, hoje, os assalariados da indústria e sobretudo os operários são e continuarão sendo por muito tempo a principal base social dos partidos de esquerda; mas talvez não seja mais no trabalho que se situem as relações de classe centrais.

A crise do progresso

Dos três princípios do socialismo — o papel central da luta da classe operária, o elo desta luta com a intervenção do Estado e a crença no progresso — acabamos de ver que o primeiro perdeu sua força; o segundo levou a trágicas conseqüências, que serão analisadas no capítulo VII. O que restou da crença no progresso? Cabe ainda pensar que a vitória do movimento operário e da idéia socialista estará assegurada pelo desenvolvimento das forças de produção, que darão fim à pré-história da humanidade e a farão entrar no reino da liberdade? No interior da cúpula do *Polyforum Cultural* do México, David Alfaro Siqueiros pintou uma *escult-pintura* de 2.400 metros quadrados, que chamou de ''A marcha da humanidade

SUA DECOMPOSIÇÃO   51

sobre a terra e em direção ao cosmos''. Da plataforma gira-
tória, que fica embaixo dessa cúpula, vê-se à esquerda a marcha da humanidade desde os tempos da escravidão e da su-
perstição até a revolução democrática burguesa, apesar dos
obstáculos impingidos pelos patrões, demagogos e militaristas. A segunda parte da obra descreve a marcha em direção
à futura revolução através da violência. A terceira descreve
a nova vida que essa marcha secular consegue atingir: nela a
ciência e a técnica permitem a industrialização. As mãos de
uma mulher derramam, sobre esta sociedade liberada pelo trabalho, sementes de paz e de harmonia, que a humanizam. Finalmente, no centro da cúpula, o homem e a mulher unidos
na paz e no amor simbolizam esse futuro radiante. A obra é
grandiosa e, entretanto, não consegue passar sua mensagem,
pois ainda somos conduzidos pela fé industrializadora de Ei-
senstein em *A linha geral.** Não acreditamos mais no progresso,
e por duas razões principais.

    A primeira é que a idéia de progresso só tinha sentido
no interior de um conjunto, de um corpo social bem definido. Da mesma forma que uma criança cresce, podemos imaginar que um país se desenvolva, passe da agricultura à indústria e desta ao trabalho técnico. Essa imagem foi aceita por
muito tempo, porque a industrialização só tinha sido introduzida em uma parte do mundo, acompanhada, há muitos séculos, por transformações sem precedentes. Desde a simbólica noite da batalha de Lépante até a Primeira Guerra Mundial, à ascensão do poderio americano e depois do soviético,
era a Europa ocidental que detinha o quase monopólio da modernização, e, quando o Japão se atirou na industrialização,
a voz corrente era de que ele havia se ocidentalizado. Essa sociedade européia pensou em seu próprio desenvolvimento como se fosse o do conjunto da história. Aqueles que estuda-
vam a economia britânica ou a política francesa acreditavam
explorar   os   mecanismos   mais   gerais   da   sociedade industrial. Hoje a industrialização progride em todo
o planeta. Enquanto a grande questão do século passado era
saber por que a modernidade tinha nascido aqui, nosso fim

────────────

    * O autor se refere ao filme do cineasta soviético Serguei Eisenstein, de 1929,
Generalya linya (em russo). (N.T.)

de século se interroga sobre a extrema diversidade das formas de desenvolvimento,as quais não passam necessariamente pelas mesmas etapas. Cada sociedade constrói seu futuro em função de seu passado e de seu modo de decisão política. Seria excessivo abandonar toda idéia da evolução; raros são aqueles que chegam até este ponto e não falem senão da diversidade das culturas: as conquistas econômicas e militares são suficientes para mostrar que existem ao menos diferenças de poderio entre as nações. É por isso que falo aqui de sociedades mercantilistas, industriais e programadas, como níveis sucessivos de ação da sociedade sobre ela mesma. Mas não é preciso nem ao menos separar a análise desses tipos de sociedade e as formas históricas que elas assumem aqui e ali, e que devem ser compreendidas historicamente. Nada distingue melhor nosso pensamento do século passado que nossa separação de estrutura e da gênese, da sociologia e da história, que liquida as filosofias da história. Não acreditamos mais no progresso unilinear. Sabíamos mais ou menos em 1850 que, no único tipo conhecido de industrialização, a Inglaterra estava adiantada em relação à França, a qual estava adiante dos estados alemães, mas somos incapazes de dizer quem, da China ou da Índia, da Tanzânia ou da Costa do Marfim, da Argélia ou de Singapura, estava na frente do outro. Para sermos ainda mais incisivos, como pretender que o socialismo suceda o capitalismo, enquanto todos os Estados que se dizem socialistas se formaram em sociedades pouco ou não industrializadas, exceção feita à RDA e à Tchecoslováquia, cujos casos se explicam pela intervenção do poderio militar soviético e pelo estado das relações internacionais?

A segunda razão para não se acreditar mais no progresso vem de nossa própria sociedade. Acreditar no progresso era pensar que trabalhando e poupando hoje viveríamos melhor amanhã. Essa crença deu lugar à idéia de que é a capacidade de se comunicar, de entrar em relação com os outros que comanda o sucesso individual e coletivo. Os defensores da moralidade industrial fornecem uma imagem sombria desse tipo de conduta: trata-se mais de agradar do que de trabalhar, de fazer o que os outros esperam de nós do que de escutar nossa consciência. Mas podemos descrevê-la de outro modo. Para Norman Brown, por exemplo, a submissão à autoridade do pai ou do patrão é substituída pela interdependência dos irmãos, o que não é necessariamente liberador: Big Brother é hoje uma figura mais discutível que o Pai eterno. Como quer que seja, o essencial é reconhecer que uma sociedade autodefinida por sua capacidade de agir sobre si mesma não pode mais ser comandada por uma ordem transcendente, metassocial, seja dos deuses, da Razão ou da História à qual recorreu a época industrial.

Tal sociedade pode ceder ao orgulho ou ao prazer, pode também se interrogar sobre seu poderio, procurar reencontrar para cada um de nós as raízes arrancadas, as alianças rompidas, as paisagens destruídas. Em todo caso, ela não se volta mais para o céu, mas, sim, para si mesma. Ela não acredita mais nem na vida eterna nem nos amanhãs que cantam. Responsável por ela mesma, descobre que as opções sociais e políticas são antes opções morais, uma certa maneira de compreender a capacidade de criar que nos define agora de forma total. Não temos mais deveres para com Deus, com a nação ou com o proletariado, nem missão histórica a cumprir; mas temos de nos comportar de maneira responsável: respeitosa para com os outros, para com nosso meio e para com nossa própria grandeza de criadores.

Esse distanciamento do modelo socialista, se é indispensável para responder à realidade presente, não deve nos levar a desconhecer a grandeza desse passado. Estamos vendo desaparecer os últimos representantes de um socialismo republicano, racionalista, inflamado de progresso e educação, operários-artesãos, professores ou médicos, livres-pensadores e guiados por uma consciência moral exigente. Patriotas e internacionalistas, eles quiseram conduzir a República ao socialismo, o jacobinismo ao movimento operário. Grandes figuras que vivem ainda na memória de seus filhos e de seus netos, aos quais ensinaram a esperar o sucesso só dos estudos e a colocar o trabalho acima do dinheiro. Longe de lhes dar as costas, saudemos a grandeza de suas vidas e trabalhemos hoje tão sinceramente quanto eles, mas sob outras formas, na defesa daqueles que não nasceram vitoriosos.

O enfraquecimento do partido

A transformação do sistema de produção, a distância crescente entre os Estados socialistas e as reivindicações operárias, o declínio das filosofias da história, conduzem, vimos, à decomposição do movimento socialista e, portanto, de seu principal instrumento: o Grande Partido. É verdade que na França o partido socialista foi durante muito tempo incapaz de desempenhar esse papel, mas o próprio partido comunista desviou-se dele. Ainda que permaneça como uma contra-sociedade, que procure ainda insuflar por todos os lados o espírito de partido, ele só tenta controlar seus próprios membros. Mais que pretender organizar nas cidades e nos bairros populares uma cultura e uma vida social propriamente operárias, ele se esforça por diversificar seu recrutamento e estender sua influência nas categorias de rápida ascensão: técnicos, executivos e professores. Acolhe escritores e artistas que partilham suas idéias, distanciados que estejam do realismo socialista ou simplesmente de uma arte popular. Essa tendência é ainda mais acentuada na Itália e na Espanha. Mesmo que o partido comunista continue a funcionar de maneira centralista e oligárquica e que o partido socialista procure criar um suporte doutrinário, não devemos nos enganar. Estes partidos tendem a ser nada mais que forças políticas. Eles não são mais os intérpretes ou os guias da experiência social e cultural; mesmo seu papel dirigente nas reivindicações sociais está desaparecendo. Nos países social-democratas, os partidos de inspiração socialista estão se tornando partidos de governo: na França, eles se comportam como contragovernos, o que dá a seus dirigentes um papel cada vez mais visível e a seus membros uma importância a tal ponto decrescente que eles procuram cada vez mais investir suas convicções em outro lugar. A saída dos intelectuais traz um significativo prejuízo para os grandes partidos, pois só a teoria da história e da sociedade permite unir, na idéia socialista, a luta operária e a intervenção progressista do Estado. Os ''grandes'' intelectuais franceses desempenharam um importante papel na formação da Frente Popular. Não foi um deles, Paul Rivet, o primeiro membro a ser eleito em Paris? Nós os encontramos ainda presentes no *Libération*, aceitando quase sempre a influência do par-

SUA DECOMPOSIÇÃO

tido comunista. Mas eles se retiraram bem depressa dos partidos de esquerda. A guerra fria, que provocou a oposição dos
comunistas stalinistas e dos socialistas atlantistas, deixou-os
numa situação difícil. Anticapitalistas, favoráveis a uma democracia socialista, não se reconheceram nem em Thorez, nem
em Mollet, e só se engajaram plenamente por ocasião da luta
contra as guerras coloniais, na Indochina, primeiro, na Argélia, em seguida. Sartre não foi seguido quando se aproximou
dos comunistas no momento mais surpreendente, e, em 1956,
"os intelectuais de esquerda" apoiaram o levante dos operários e dos intelectuais de Budapeste e de Varsóvia, ao mesmo
tempo que condenaram a expedição de Suez e a política de
Mollet, Lacoste e outros socialistas na Argélia.

Hoje a influência do partido comunista entre os intelectuais é suficientemente fraca para que a expressão "intelectual comunista" não tenha mais grande sentido, a não ser para designar os especialistas, membros do aparelho do partido. Quanto ao partido socialista, que tem muitos intelectuais
entre seus membros e dirigentes, ele desconfia há muito tempo dos debates de idéias, e teme que estes levem ao que chama de "PSUização". Também, raros são aqueles que ousam
situar seu trabalho intelectual "sob a bandeira do marxismo",
como acontecia no pré-guerra. Esse recuo do movimento socialista para fora da vida intelectual arrebata do Grande Partido, seja ele socialista ou comunista, seu papel de autoridade
absoluta, que o deixava mais próximo de uma Igreja que de
um partido liberal ou radical.

Como era de se esperar, o Grande Partido controla de
forma menos direta a ação sindical. Afirmação que pode surpreender: podemos citar decisões da CGT que contradigam
a linha do partido comunista? Seguramente não, e ninguém
acha que Georges Séguy ou Henri Krasucki tenham muita dificuldade em permanecer ao mesmo tempo dirigentes da CGT
e membros do birô político do PC. Mas o papel real dos militantes da CGT está muito longe de se reduzir às posições políticas da Confederação. Eles lutam antes de tudo contra a arbitrariedade patronal e governamental, como também pela sal-
vaguarda do emprego. Fora dessa área, sobretudo no setor público, defendem a influência conquistada. Em quase todos os
lugares participam de um modo especial das negociações co-

letivas: a divisão das forças sindicais reparte os papéis entre as organizações. A FO* negocia com boa vontade, mas falta-lhe combatividade; é a CGT que traz a seus aliados moderados a combatividade que eles não têm e permite assim que a negociação conflituosa se desenvolva, apesar da hostilidade de uma grande parte do patronato e dos limites estreitos impostos pelo Estado na delimitação contratual dos salários. Quanto à CFDT** ela se esforça para superar essa divisão do trabalho sindical, sendo ao mesmo tempo contestatária e negociadora, e ligando-se aos novos movimentos sociais.

Ela afirma cada vez mais sua autonomia em relação aos partidos políticos, apesar da forte influência que exerce o CERES*** sobre uma parte de seus militantes. A ascensão do partido socialista, cuja presença nas empresas é fraca, aumenta ainda mais a separação dos campos de ação política e sindical.

Sendo as chances de uma social-democracia de tipo escandinavo muito remotas na França, pelo fato de aqui existir um partido comunista importante, se o sindicalismo não se deixar levar pelo declínio de um socialismo ao qual continuaria a se subordinar, ele se tornará a principal expressão das lutas sociais. E negociará mais com as forças políticas, que chamaremos simplesmente de esquerda, do que com o socialismo. Jacques Julliard mostrou de forma clara que o movimento operário francês, socialmente forte, conduzido por uma viva consciência de classe, foi quase sempre politicamente heterônimo, aceitando a direção da burguesia progressista. De Ledru-Rollin a François Mitterrand, diz ele, a situação não mudou nada, e o Programa Comum dos anos 70 apresenta

---

* Force Ouvrière (Força Operária): organização sindical que se constitui em 1948, fruto de uma cisão da CGT por parte daqueles que se opunham à influência predominante do PCF sobre o movimento sindical. De tendência reformista, a FO conta com 600 mil filiados. (N.T.)

** Conféderation Française Démocratique du Travail (Confederação Francesa Democrática do Trabalho): organização sindical fundada em 1964 pela maioria dos filiados da CFTC (Conféderation Française des Travailleurs Chrétiens). Ela conta com 700 mil filiados, é defensora da autogestão, e, junto com a CGT, encontra-se no comando das lutas sindicais na França. (N.T.)

*** Centre d'Etudes de Recherches et de l'Education Socialiste (Centro de Estudos e Pesquisas e de Educação Socialista). (N.T.)

o mesmo tom e comumente o mesmo conteúdo do programa dos democratas socialistas para as eleições de 1849. Jaurès e Léon Blum, não importam suas diferenças, foram também os representantes dessa tradição progressista que associa os operários e uma grande parte das classes médias em defesa da República, da nação e do progresso, contra os plutocratas, os militaristas e os clericais. Julliard conclui, com razão, que essa mistura de tradição republicana e de socialismo, própria a um país que viveu os conflitos de uma sociedade industrial, sem ter resolvido os problemas da sociedade pré-industrial, está agora esgotada e que as contradições internas do partido socialista, ao mesmo tempo democrata à americana e leninista, testemunham esse esgotamento. Isto oferece ao sindicalismo a oportunidade de aumentar sua autonomia e, conseqüentemente, de reagrupar suas forças, condição indispensável para que possa cumprir com eficácia sua própria tarefa: combater a exploração dos assalariados, pôr fim à intolerável situação daqueles que vivem muito abaixo do *minimum* vital real e reduzir maciçamente as desigualdades em todos os domínios. O declínio do socialismo como modelo político é a melhor chance do sindicalismo francês.

SEGUNDA PARTE

A GRANDE DÚVIDA

3. A SATURAÇÃO IDEOLÓGICA

O socialismo, enfraquecido pela evolução das idéias e dos fatos sociais, desmentido pela experiência do socialismo real, ou seja, dos Estados que levam seu nome, estaria prestes a perder sua influência ideológica? O que vem acontecendo é justamente o contrário. Nossa representação da sociedade é dominada pela ideologia socialista, que inspira suficiente respeito ou temor para não ser submetida a exame. Por todos os lados se emprega sua linguagem, sem que se procure definir-lhe os termos, mesmo os mais confusos.

Movimento social em declínio, o socialismo não passa de uma ideologia que retarda a compreensão da sociedade que nasce sob seus olhos. De ação de classe, tornou-se discurso de intelectuais: daqueles que se recusam a considerar os fatos, procurando proteger o papel de peritos e de dirigentes que a ideologia socialista lhes outorgou.

O esquerdismo é esta redução de uma prática social e política complexa a um discurso fechado e até mesmo sectário. Ao longo dos decênios passados, este discurso velho demais levou às mais novas contestações, como velhos odres que recebem vinho novo. Mas é preciso não confundir esse arcaísmo e essa novidade, mesmo se a história, no momento em que se sobrepuseram dois tipos de sociedade, os associou. O esquerdismo não tem nada a ver com os novos movimentos sociais, mesmo quando fala em seu nome. Enquanto um movimento social define-se ao mesmo tempo por um conflito particular e por objetivos culturais, pelos quais se debatem os adversários, a ideologia esquerdista opõe, globalmente, dois mundos: o capitalista e o socialista, ou o imperialista e o revolucionário, reduzindo seu adversário ao *non-sense*, ao absurdo e ao Mal absoluto, e identificando a si mesmo como o sentido, a verdade e o Bem. Passa incessantemente, sem intermediário, da teoria mais geral às situações mais concretas, que são, segundo ela, a ilustração mais direta dos ensinamentos da outra.

O esquerdismo exprime escolhas políticas sem entretanto comandar as práticas, pois permanece praticamente vazio de análises concretas. Indica um desejo de engajamento em uma situação de completa disponibilidade, o que corresponde à posição da universidade na sociedade francesa: o crescimento muito rápido do número de estudantes, em um quarto de século, formou e desenvolveu um setor à parte do ensino profissional, quer se trate daquele ministrado nos institutos superiores técnicos, reputados ou não, ou do superior em licenciatura curta, e que corresponde cada vez menos à necessidade que o país tem de professores. Estudantes de letras e ciências humanas, e também de arquitetura e de direito confrontam-se com os problemas mais gerais, ainda que seus estudos só possam conduzi-los a perspectivas de trabalho subalternas ou incertas. Da mesma forma, a grande maioria dos professores de nível superior, sobretudo os assistentes, vivem o duplo sentimento de possuírem nível mais elevado de conhecimento e de serem funcionários mal pagos que trabalham, geralmente, bem distantes dos lugares de ponta da ciência. Essa defasagem é vivida de forma muito consciente por um grande número de estudantes e professores como uma contradição chocante. Tal situação não explicaria, em suas diversas variantes, a força surpreendente da ideologia socialista?

A fuga pela ideologia

A ideologia socialista se expandiu à medida que se distanciava das práticas às quais ela fazia referência. No momento das lutas operárias mais difíceis, eram bem poucos os intelectuais socialistas agrupados em torno de Lucien Herr. Foi logo após a revolução soviética que se levantou um grupo numeroso de intelectuais, revolucionários ou não, saudando a ascensão de um novo astro no Oriente. A maior parte desses companheiros de estrada viam no movimento comunista o herdeiro do racionalismo das Luzes, como lembrou David Caute. Georges Friedmann, um dos mais ardentes, mas sem dúvida também o mais lúcido deles, escreveu *A crise do progresso* para mostrar que a crença no progresso, perdida pelo Ocidente capitalista, tinha sido retomada pelos revolucionários. Em seguida, uma vez rompido o charme do stalinismo, foi sobretudo em direção ao Terceiro Mundo que se voltaram os intelectuais.

Privados da prática política em seus próprios países, onde a esquerda não tinha nenhuma influência e se degenerava, os intelectuais de esquerda afirmaram sua solidariedade com os povos e os Estados do Terceiro Mundo, que lutavam contra o colonialismo, e participaram de todas as campanhas contra o capitalismo e o imperialismo. Não se tratava, de modo algum, de posições morais ou humanitárias: eles escolheram seu campo ao invés de ficar fora de combate. Mas esse campo era mais ideológico, donde o silêncio guardado pela maioria sobre a verdadeira natureza dos regimes comunistas e nacionalistas. Os intelectuais, em uma sociedade sobre a qual não tinham nenhuma influência, recusavam-se a se opor ao partido comunista, atacado pela burguesia e pelo governo. Por um desvio que pode parecer surpreendente, porque só agiam no domínio dos princípios e da ideologia, foram levados a sustentar por muito tempo, abertamente ou por seu silêncio, regimes dos quais a maioria deles se sentia distanciada. Se tivessem podido exercer uma influência, aderindo a uma força política ou sindical próxima de suas idéias, teriam, mais facilmente, se distanciado dos partidos comunistas. Isolados, recusaram-se a criticar as Igrejas que representavam, apesar de tudo, o deus pelo qual eles combatiam, ou seja, o deus do socialismo. O esquerdismo nasceu e prosperou nessa dissociação entre os princípios e as práticas, entre a solidariedade para com as lutas consideradas simbólicas e o silêncio sobre as realidades políticas tão graves quanto os crimes stalinistas. Esse triunfo da ideologia foi acentuado, e não freado, pela ruptura progressiva dos intelectuais de esquerda com o partido comunista, ruptura profunda a partir de 1956, constante durante a longa guerra da Argélia, brutal em 1968 e reforçada durante os anos que se seguiram à queda do Movimento de Maio.

Em 1968, essa ideologia encontrava-se associada a seu contrário, à contestação cultural. O Movimento de Maio aparece como a mistura, mais que a fusão, de duas correntes de sensibilidades absolutamente opostas. De um lado, os ideólogos que vertiam, pela brecha bruscamente aberta, uma linguagem tão radical que não corria, de nenhuma forma, o risco de conduzir à revolução, dadas as atitudes do partido comunista e da CGT; de outro, os contestatários, que atacavam a ideologia socialista e a organização universitária e subvertiam os costumes, partindo da vivência pessoal e não mais de um discurso sobre a história. Mas logo as duas correntes se separaram. Os trotskistas, uma parte dos maoístas e alguns outros grupos, finda a revolta de maio, obtiveram o triunfo não de seu conteúdo, mas de sua forma. Agiram ideologicamente nos bairros, nas fábricas ou nas universidades, enquanto que o esquerdismo cultural se dispersava em movimentos ao mesmo tempo culturais e sociais das mulheres, dos ecologistas, movimentos regionais e de trabalhadores imigrados.

A ideologia esquerdista triunfante fez com que a sociologia, que tinha se desenvolvido de maneira bastante acentuada durante os anos precedentes, recuasse. Um grupo de grã-finos distanciados de qualquer trabalho de pesquisa impôs seu discurso pretensioso, e fez dela, na falta de um método de trabalho, um instrumento de carreira e de defesa corporativista. Durante muito tempo se sentirá os efeitos desastrosos desses anos de sectarismo e de preguiça. Subtraído de toda prática intelectual e política, o esquerdismo ideológico torna-se hiper-revolucionário, a ponto de querer estabelecer em Bruay-en-Artois um tribunal que julgaria e condenaria um tabelião suspeito, não pelo crime do qual a justiça, mais tarde, o julgou inocente, mas porque ele era tabelião.

A SATURAÇÃO IDEOLÓGICA

Por que esse desvio não levou ao terrorismo? Por que os militantes da Esquerda Proletária, prontos a responder com a violência ao assassinato de Pierre Overney e a todas as violências cotidianas que descobriam nas fábricas e no Vietnã bombardeado por napalm, não aderiram ao terrorismo e preferiram — por outras razões também — dissolver sua organização em 1974? A causa principal foi a união da esquerda, que abria perspectivas de mudança política. Os críticos mais ardorosos dos partidos de esquerda esperavam sua vitória, prometendo a si mesmos fazê-la "transbordar" para além dos limites previstos pelos signatários do Programa Comum. Também em conseqüência da força do esquerdismo cultural, libertário-liberal, que se manifestou primeiro no *Tout*, publicado pelo grupo *Vive la Révolution*, e na revista *Actuel*, antes de dar ao jornal *Libération* seu tom e sua influência. O terrorismo explode quando uma luta social, em face da repressão militar, jurídica e ideológica, parece impossível. Só as bombas permitem então quebrar essa ordem que impede a ação. Diverso da guerrilha, que combate diretamente a dominação de um Estado — é assim que age, por exemplo, um movimento de resistência durante uma ocupação estrangeira —, o terrorismo atua em nome de forças sociais prisioneiras ou paralisadas. Às vezes anuncia e procura acelerar a intervenção de novas forças populares. Foi o caso do terrorismo russo, quando a velha sociedade começou a ser sacudida pela penetração do capitalismo e pelo surgimento de lutas operárias. Às vezes, ao contrário, ele marca o fim de uma época de lutas sociais: é o caso da violência anarquista, no fim do século XIX, que protestou contra a destruição do mundo dos artesãos e dos trabalhadores de ofício pela grande indústria e pela concentração capitalista. O terrorismo dos anos recentes foi uma forma de decomposição do bolchevismo, um leninismo tardio substituindo, pela violência, uma ação de massa que deixou de ser revolucionária. Mas essa ação só aparece onde o Estado é considerado responsável pela decomposição do movimento revolucionário. As Brigadas Vermelhas quiseram destruir o "compromisso histórico" e a RAF alemã atacou o poder social-democrata. Na França, o Estado de Pompidou e de Giscard dEstaing não pode ser acusado de corromper a classe operária, que continua a ser excluída das decisões. Pelo contrário, a aproximação estratégica dos comunistas e dos socialistas permitiu a confiança numa retomada da ação de classe; a conjuntura francesa durante os anos 70 não era, portanto, favorável ao terrorismo. A ideologia não conduzia à violência; ela curvou-se sobre si mesma e sobre seu território universitário, onde sua violência verbal fez do conhecimento a única vítima.

O degelo

Seu isolamento e sua esterilidade a levaram a formulações muito frágeis. Ela defendia a idéia de um conflito social fundamental de natureza econômica. Mas, como o mundo capitalista não parecia ameaçado por uma explosão revolucionária, era preciso justificar a fraqueza da luta de classe pela força da dominação da burguesia. Como ficava difícil falar da ditadura da burguesia em um país onde se esperava que a esquerda chegasse ao poder, ela voltou-se então para a questão dos efeitos da ideologia dominante. Esse tipo de explicação convinha bastante aos intelectuais que viviam mais no mundo da ideologia do que no das relações econômicas. Assim nasceu essa estranha forma de marxismo, que descreveu a sociedade como uma ordem, ou melhor, como a linguagem ideológica da dominação. De repente, tudo passou a ser explicado pela ideologia: as cidades projetavam no espaço a ideologia dominante; a educação privilegiava as formas de cultura próprias às classes dominantes; o Estado servia para desativar as reivindicações populares, divulgando a ideologia do interesse geral e da solidariedade social.

Essa representação da sociedade só podia ser defendida com a condição de se evitarem pesquisas concretas. Ela chegou a conseqüências extremas: substituir o capitalismo pelo Estado como principal adversário. Mas esse mesmo triunfo produziu sua queda e substituiu Althusser por Foucault. Em poucos anos, a ideologia socialista esvaziou-se de seu conteúdo já bem empobrecido. A idéia de poder foi separada das relações de trabalho e de propriedade, nas quais parecia estar totalmente encarnada; ela foi considerada em si mesma, antes talvez — este é ao menos meu desejo e meu trabalho —

de se enraizar em novas relações sociais. Se a idéia de poder assumiu há alguns anos uma tal importância no pensamento social e político, é porque seu verdadeiro papel é liquidar a ideologia socialista, romper com uma experiência histórica esgotada: falar de poder é conservar-se disponível para novas análises e novas ações. Quando Roland Barthes, indo mais além, declara que a língua é fascista porque impõe categorias, choca, mas deixa transparecer definitivamente a distância entre a crítica social e a ideologia socialista.

Uma ideologia fechada em si mesma não pode ser desmentida pelos fatos, pois se protege muito bem deles. Ela só pode sucumbir a seu próprio movimento de distanciamento das práticas sociais. É quando cede lugar a um pensamento que não é mais ideológico, porque cortou toda relação com os atores sociais. Esse tipo de pensamento, puramente crítico, é próprio das épocas em que as forças sociais parecem impotentes ou decompostas. Não foi por acaso que o declínio da ideologia socialista fez com que se conhecesse melhor na França a escola de Frankfurt, cujo pensamento crítico refletiu, de modo mais profundo, sobre a impotência dos partidos e dos sindicatos para impedir a chegada da barbárie hitlerista. Há épocas em que o pensamento permanece suspenso, já afastado de um tipo de sociedade e de um período histórico, ainda incapaz de reconhecer os novos movimentos sociais, que não passam ainda de uma mistura confusa de utopias, de inovações culturais, de medo de mudança e de contestações radicais.

Esse momento de aparente triunfo da ideologia socialista pertence aos filósofos e estilistas; não pertence nem às ciências sociais nem aos romancistas, quer se exprimam através da caneta ou da câmera. A França — onde a ideologia socialista tinha uma força especial, reforçada a partir de 1971, quando se torna a linguagem oficial da união da esquerda — foi incapaz de perceber e de enunciar as mudanças que transformaram a organização social, as relações entre as mulheres e os homens, a informação ou a consciência do tempo. As categorias do discurso e da experiência se separaram. Enquanto imperou um terrorismo intelectual, que esterilizava tudo o que tocava, a juventude se atirava em uma cultura sobretudo musical, onde todos os sentimentos, expulsos da visão cristalina dos ideólogos, reviviam, muitas vezes de forma selvagem. A ideologia socialista adquire, assim, um papel de distinção, tornando-se a marca de atribuição da juventude "intelectual". Como se espantar diante da indiferença crescente dos jovens trabalhadores frente a uma linguagem tão estranha a sua vida? Esse reino da ideologia socialista se descompôs bruscamente, em dois ou três anos. Sua queda tinha sido precedida de sinais precursores. Entre eles, o declínio do PSU,* cuja função era, há muito tempo, a de traduzir as contestações libertárias em uma linguagem leninista. Em alguns anos a UNEF,** em crise desde 1968, foi levada, através do PSU, que a dirige, a seu quase desaparecimento.

Outro desses sinais foi a greve estudantil de 1976, que estudei com François Dubet, Zsuzsa Hegedus e Michel Wieviorka. O acontecimento merecia essa atenção, pois essa greve foi a mais longa e a mais ativa de toda a história das universidades francesas. Em 1968, o movimento estudantil saiu das faculdades e foi lutar na rua, provocando assim uma crise social e política geral. Em 1976, as universidades se sublevaram contra um decreto no qual divisaram uma ameaça para sua independência e um risco de submissão à influência e aos interesses do patronato. Um certo número de professores, ao menos no início, combateu esse decreto tão fervorosamente quanto os estudantes. À custa de muitos mal-entendidos, a defesa da independência universitária, ao mesmo tempo progressista e corporativa, se une à ideologia anticapitalista das organizações estudantis. A participação dos estudantes na greve é muito ativa, e pela primeira vez reúne-se um grande número de coordenações nacionais das organizações e dos comitês de greve. A ideologia socialista triunfa; a esperança de fazer re-

---

* Parti Socialiste Unifié (Partido Socialista Unificado), fundado em abril de 1960, como resultado das controvérsias surgidas no seio do PS francês (SFIO), em torno da guerra da Argélia, que provocou a saída de militantes que formaram a União da Esquerda Socialista e o Partido Socialista Autônomo. As duas formações acabaram por se reagrupar e formar o PSU. Dirigida por Michel Rocard de 1967 a 1974, ela recruta seus militantes entre os intelectuais de esquerda. São favoráveis à organização da economia centrada na autogestão das empresas. (N.T.)

** Union Nationale des Étudiants de France (União Nacional dos Estudantes da França). (N.T.)

A SATURAÇÃO IDEOLÓGICA   69

viver o sindicalismo estudantil conduz à criação de um novo sindicato e reanima também o que era dirigido pelos comunistas. Tudo anuncia um grande sucesso ideológico. Mas foi um fracasso; e, mais ainda, foi a liquidação desse sindicalismo estudantil, do qual o Movimento de Maio parecia ter demonstrado a importância. Desde o esgotamento dessa greve, as universidades não conheceram mais nenhum movimento contestatário, e, quatro anos após o início da crise, os professores lamentam — será que sempre de boa-fé? — a indiferença geral de seus estudantes com relação aos problemas e ações políticas.

A greve de 1976 deve ser compreendida como a morte do esquerdismo, segundo o qual os problemas da universidade só refletem os do sistema econômico. A escola funciona, segundo ele, como um aparelho ideológico do Estado a serviço do capitalismo e da reprodução dos privilégios; a ação estudantil contra a universidade deve ser, portanto, antes de tudo, anticapitalista e se integrar à luta operária, em face de uma política governamental que acentua ainda mais a influência do capitalismo sobre a universidade: daí o entusiasmo com o qual foi lançada essa greve, que mobilizava os temas mais imperativos da ideologia socialista e que estava certa de poder contar com o apoio de toda a esquerda sindical e política. Entretanto essa análise foi em seguida desmentida. Os dirigentes patronais não manifestaram nenhum interesse particular pelas universidades, em relação às quais preferem as grandes escolas técnicas, e esperam, na verdade, que as universidades dêem uma formação polivalente a fim de continuarem detendo a formação profissional, ministrada diretamente em suas empresas. Paralelamente, os professores, acusados de serem veículos da ideologia dominante, revelam-se mais interessados em sua independência do que na defesa da ordem capitalista. Finalmente os sindicatos operários e mesmo a CFDT respondem com desconfiança ou hostilidade aos avanços dos estudantes, ainda considerados jovens burgueses e futuros executivos, mesmo que a realidade já não seja bem essa. Desconcertados, os estudantes começam a duvidar de si mesmos, de sua identidade coletiva. Eles constatam, ao mesmo tempo, que seu movimento, marcado por uma forte participação da base e que se organiza de uma maneira muito libertária em assembléias abertas, é rapidamente dominado por aqueles a quem dão o nome de "conchavadores" das organizações. Decididos a inventar a democracia direta, os estudantes acabaram caindo em manobras dignas de um congresso radical. Bem rápido, o sindicato dos professores tira o corpo fora; isolados, os estudantes capitulam. O novo sindicato que se formou com o apoio da CFDT passa para o controle da Liga Comunista Revolucionária e se esgota. O sindicato de orientação comunista, sobrecarregado durante a greve, retoma suas campanhas corporativistas em meio à indiferença geral.

A análise, cujo método e resultados estão expostos em *Lutte étudiante*, repousa sobre a idéia de que no decorrer da greve os problemas internos da universidade, sobretudo culturais, e os do sistema social no qual ela se localizava, sobretudo econômicos e profissionais, se dissociaram a ponto de provocar o desmoronamento da ideologia esquerdista. O ensino e a vida universitária não são somente, nem mesmo principalmente, agências ideológicas a serviço do capitalismo monopolista. As relações entre estudantes e professores, o funcionamento da organização universitária e sobretudo a relação dos jovens intelectuais com o conhecimento, não são simples manifestações de um conflito de classes, fundado, em última instância, na economia. A intervenção dos pesquisadores fez com que esses militantes descobrissem que o movimento estudantil só pode se formar a partir da contestação do modo de produção, de utilização e de transmissão do conhecimento, como em 1968; idéia totalmente oposta à que a universidade é um instrumento a serviço do capitalismo. O movimento estudantil, que pode ser o agente de um conflito central em uma sociedade onde o saber é o objeto das lutas pelo poder, se autodestruiu, submetendo-se à ideologia socialista e procurando seu sentido muito além de sua própria experiência. Raramente se viram agentes sociais sendo conduzidos a tal catástrofe devido a uma imagem tão falsa de si mesmos e do sentido de suas lutas.

Duas saídas

O fracasso do movimento estudantil acompanha a própria crise dos produtores de ideologia. Eles tinham sido sustentados pela idéia de que o socialismo aconteceria em qualquer lugar, ainda que em época remota e de modo imperfeito. É possível permanecer-se um ideólogo socialista quando todos os Estados socialistas traíram as expectativas neles depositadas? O socialismo não é uma religião; só podemos lhe dar crédito à medida que ele se realiza. Ora, todo o planeta acaba de ser sacudido por revoluções ou mudanças de regime político. E todas as estrelas do socialismo apagaram-se, uma após outra. O que pode acontecer a uma crença que se julgava fundamentada sobre leis objetivas do desenvolvimento histórico e se vê desmentida desta forma? Os ideólogos socialistas trazem duas respostas a esta pergunta, mas tão opostas uma à outra, que criam entre os dois campos uma pequena guerra religiosa.

Os que estavam mais próximos dos grandes partidos tornaram-se quase todos social-democratas, se aceitarmos empregar este termo em seu sentido histórico real e não como um insulto. Eles procuram reencontrar a aliança entre a luta de classe e a democracia, tão cedo perdida em nosso país, mais entusiasmado pela revolução e pelo terror, pelo cruzeiro *Aurora* e pelo trem blindado de Trotski do que pelos sindicatos e convenções coletivas. Comunistas ou anticomunistas, eles preferem chamar a esta social-democracia de eurocomunismo, o que lhes permite manter certa confiança na caminhada ziguezagueante e lenta do partido comunista para aceitar as instituições democráticas. Nicos Poulantzas, cujos esforços foram compartilhados por Jean Ellenstein, procurou uma terceira via tão distante da SFIO de Guy Mollet quanto do PC de Thorez. Foi este grupo que mais depositou esperança na união da esquerda, sofreu mais seu fracasso e tentou com maior perseverança retomar a unidade rompida da grande família. Ele permanece ligado à ideologia socialista e procura fazê-la reviver no país onde nasceu, antes de sair para dar a volta ao mundo. Suas chances de sucesso são ínfimas e sua capacidade de iniciativa limitada, pois eles não se interrogam nem sobre o declínio de sua ideologia nem sobre as razões profundas da ruptura entre socialistas e comunistas. Mas conservam a herança mais preciosa do pensamento marxista: a vontade de associar a análise política ao trabalho de liberação dos oprimidos.

De outro lado, os maximalistas empurram a crise da ideologia socialista até o fim. Eles acreditaram no movimento operário, que os levou a desejar a revolução, que, tornando-se um Estado revolucionário, transformou-se em despotismo e esmagou o movimento operário. Daí seu ódio pelo Estado totalitário, sua total rejeição a tudo o que conduziu a esta transformação da esperança em organizações: o partido todo-poderoso, a filosofia da história, a redução do homem a sua existência social. Para combater o Estado absoluto, eles sabem, como Horkheimer desde 1933, que não se pode mais apelar para as forças sociais. Sua fé política traída se volta contra a política e torna-se lei religiosa ou consciência dos efeitos trágicos de seu desaparecimento. O esquerdista Clavel, como o ex-comunista Garaudy, se recusa a colocar sua fé na ordem temporal, por medo de outorgar novamente ao poder o selo do sagrado. Bernard Henri Lévy, que também veio do esquerdismo, só tem confiança na lei monoteísta para resistir ao poder absoluto do Estado. Social-democratas e marxistas acusam-se mutuamente de querer guardar para si a chama do absoluto e de fazer o mundo correr o risco de um novo incêndio. Quanto àqueles — inumeráveis — que não escolhem nem um campo nem outro, e sem mencionar outros, que ainda sonham com uma carreira no aparelho político, eles passam a maior parte do tempo perdendo a memória.

Fim

O intransponível horizonte do socialismo foi ultrapassado. E o que desaparece com isso? Uma idéia? Um período da história? Uma força política? Afastemos depressa esta última hipótese. Nada do que precede significa que os partidos socialistas, social-democratas e comunistas tenham chegado ao fim de sua carreira. A maior parte destas observações já eram válidas cinco anos atrás, em plena ascensão do partido socia-

A SATURAÇÃO IDEOLÓGICA 73

lista. O que é verdade, em compensação, é que os partidos de esquerda se sentem mais incomodados do que propriamente auxiliados pela ideologia socialista. É chegado o momento de uma nova autodefinição. Pois o partido comunista não se apresenta como o defensor da França pobre, e o partido socialista como o campeão da justiça, da liberdade e do progresso, programa perfeitamente aceitável para os socialistas, mas que de fato não lhes pertence? O fim do socialismo é o desaparecimento de um certo modo de ação política, de um tipo de relação entre os valores culturais, os interesses ou os movimentos sociais e a ação propriamente política. Relação hierarquizada na qual a história legitimava o Estado (ou o partido que quer se tornar Estado) que legitimava a ação social.

O alfa e o ômega do socialismo era o partido, no qual se uniam o movimento da história, a intervenção do Estado e a luta operária, a ponto de eles se tornarem o juiz das idéias, o mestre da força e o patrão da economia. Na parte do mundo onde o socialismo nasceu, uma das razões de sua decadência foi precisamente a recusa da unificação dos poderes e a força de sua ligação com a democracia, definida com uma concisão perfeita, por Giovanni Sartori, como poliarquia eletiva. A maior parte das correntes de opinião, que mudam pouco a pouco nossa cultura política, apela para a separação dos componentes de ação política e são, portanto, essencialmente hostis ao Grande Partido: movimentos sociais que se recusam a apelar para a intervenção do Estado e procuram, ao contrário, limitá-la; iniciativas políticas que visam reforçar a democracia local; temas culturais que, longe de toda filosofia da história, falam mais de comunicação do que de forças de produção, mais de identidade do que do que de divisão de trabalho. Em face dessa ascenção de uma nova cultura e de novas formas de ação política, o socialismo não é mais um conjunto de idéias, de forças políticas e de interesses sociais, mas um simples programa de governo.

4. ENGANOSAS NOSTALGIAS

Estado de crise

A esperança socialista se nutria da confiança no progresso industrial; hoje a dúvida a substituiu, e o Ocidente, por longo período senhor do universo, se sente, pela primeira vez após muito tempo, ameaçado em seu avanço sobre o resto do mundo, ao mesmo tempo que deixa de acreditar nos valores da sociedade industrial. O fim dos anos 70 não se parece com o dos anos 60. A contestação explodia, naquela época, em uma sociedade confiante demais em seu futuro; hoje a inquietação geral parece proibir qualquer projeto. Não entramos num período tão pouco seguro de si que uma nova luta social só será possível se reinarem, sem restrições, o medo do futuro e a busca da segurança?

Este livro foi escrito durante o curto intervalo que separa o fracasso das esquerdas nas eleições legislativas de 1978 da eleição presidencial de 1981, no momento em que elas, e em particular o partido socialista, se desviam das novas idéias para se fecharem em brigas internas, nas quais, pela primeira vez em meio século, a esquerda política perde seus apoios intelectuais, deixando transparecer o vazio de sua ideologia e o ridículo de suas pretensões de análise científica das sociedades. As roupas da direita estão gastas, é verdade, mas a esquerda está nua e doente. Seu enfraquecimento cria um vazio, preenchido perigosamente pela dúvida, pela crise e pela retração.

Toda coletividade em crise substitui relações e conflitos internos pela oposição entre o interior que é preciso defender e o exterior de onde vem a ameaça. O adversário torna-se, então, o estrangeiro e, se não aparece nenhuma ameaça externa, encontra-se um bode expiatório. Não há comportamento de crise quando um país se encontra engajado em uma luta nacional, quando uma comunidade está ameaçada de desaparecimento, porque sua língua, sua religião, sua cultura em conjunto estão proibidas, mas onde existem problemas internos reais que, precisamente, são dissimulados pela crise. Isto aconteceu durante a grande depressão de 1929; por isso, nos países em que existia tradição nacional e estatal forte, assistimos à ascensão dos movimentos fascistas. Nesses momentos, discursos e desfiles não provocam mais efeito, os protestos se enfraquecem e finalmente reduzem-se ao silêncio: a sociedade passa, então, para a dominação total de um Estado ou da violência. Para dar um exemplo completamente diferente, muitos franceses da Argélia eram pequenos assalariados sindicalizados e eleitores de esquerda; mas frente ao movimento argelino de independência nacional, esqueceram suas reivindicações e seu baixo nível de vida e se atiraram em uma violência que levantou comunidade contra comunidade, nação contra nação e não mais classe contra classe.

Na França, hoje, nada nos deixa prever o aparecimento de uma crise maior do Estado nacional, salvo nas regiões em que existe um movimento separatista; mas a crise econômica, política e ideológica dissolve as origens sociais, enfraquece a capacidade de ação e reforça o comportamento de dependência contra manifestações autônomas. Finalmente, comportamentos de crise recorrem a valores e a uma legitimidade definida em termos não-sociais e mesmo anti-sociais: o recurso à feitiçaria, desenvolvimento de seitas, a volta de velhas tradições, a busca da pureza. A França foi por demais dominada pela Igreja católica e vive ainda de modo muito intenso a decomposição da instituição religiosa, para ficar muito exposta à religiosidade e às seitas. Porém, nos lugares onde as Igrejas estão secularizadas há mais tempo, como nos Estados Unidos, estes fenômenos são mais intensos. Mas na França também se manifesta o mesmo tipo de fuga, seja através de pequenas comunidades fechadas, seja pela adoção de uma espiritualidade vaga. Por isso Garaudy declara: "Todo movimento autenticamente revolucionário na Europa só pode nascer hoje de um reencontro inédito da política e da fé" (1979, p. 312). Contrário a Illich que, como verdadeiro utópico, quer mobilizar a vontade de ruptura, a partir da qual, segundo ele, pode-se construir um movimento social, Garaudy apela para todas as espiritualidades, seja da Ásia, da África e até do cristianismo, e conduz à busca de um poder espiritual, que corre o risco de nos levar a uma nova teocracia: o reencontro da política e da fé teria um outro sentido real? E não é inquietante a admiração de Garaudy pelo coronel Kadafi e pelo Irã de Khomeini? Se a convicção comunista gerou Estados absolutistas e a fé cristã legitimou há muito tempo monarquias de direito divino, com que milagre esta aliança não produziria uma sociedade duplamente absolutista?

Se vivêssemos unicamente uma crise econômica, poderíamos pensar que a política social adotada há muitos decênios seria suficiente para limitar-lhe os efeitos políticos. Uma crise econômica poderia até permitir um renascimento da esquerda. Mas o sentido das dificuldades econômicas atuais é bem diferente, porque elas não refletem mais as contradições de um sistema econômico, mas a transformação das relações internacionais. É superficial acusar-se a alta dos produtos petrolíferos de todas as nossas desgraças; mas, além de não ser um elemento secundário na presente crise, ela simboliza, tanto para o público quanto para os governantes, a origem externa da crise. Os movimentos esquerdistas compreenderam isso há muito tempo, e consideraram o imperialismo uma categoria de pensamento e de ação mais importante que o capitalismo. As lutas importantes não aconteciam mais, segundo eles, no centro do sistema capitalista, mas na sua periferia. Essa crise, vinda de fora, não coloca em questão a sociedade e suas relações internas, mas antes de tudo o Estado, sua capacidade de assegurar o sucesso e o futuro da nação, e de resistir às pressões externas. Mesmo se a descrevêssemos como econômica, ela é essencialmente uma crise de Estado. Inútil, portanto, esperar que ela reforce as reivindicações e o poderio eleitoral da esquerda.

As tentações da decadência

Um aspecto essencial está em que, numa situação de crise, somos levados a participar da sociedade só como consumidores, o que vem reforçar as desigualdades sociais, difundindo comportamentos que imitam os mais ricos, além de estimular a inflação e impedir-nos de tomar decisões a longo prazo capazes de responder às necessidades de sobrevivência coletiva. Essa "comilança" destrói nossas paisagens, submete-nos a uma cultura de massa nada inventiva, mantém a todos na expectativa dos bens e das mensagens que estão sendo obrigados a desejar. Certamente, o culto do futuro serve para alicerçar o poder de seus grandes sacerdotes, os industriais, privados ou públicos; mas o culto do presente nem sempre serve para liberar os oprimidos. Ele prepara um movimento social na medida em que assegura a vontade de viver de outro modo, a partir de agora, e de dar a todos a responsabilidade de escolher seu modo de vida coletivo; mas o enclausuramento no presente significa, quase sempre, a recusa de todo projeto coletivo, de toda capacidade de ação política. Quanto menos longe nosso olhar nos leva, menos somos capazes de perceber as orientações culturais e as formas de dominação social que comandam a organização de nossa vida cotidiana. Sociedade-flipper, onde todas as habilidades e todo o prazer se resumem a controlar o percurso da bolinha no fliperama, a trapacear dentro dos limites da tolerância da máquina e a sonhar diante dos anúncios cintilantes. Essa fascinação pelo presente, essa ausência de projeto de futuro e de engajamento profundo define as condutas decadentes; a dissipação do que foi acumulado, a recusa em prever os investimentos materiais e psicológicos dos quais depende o futuro.

Evidentemente, a decadência não deve ser condenada em bloco. Ela traz também um refinamento e permite uma trégua dos controles sociais, situação que favorece a criação cultural. O fim do século XIX foi um período de decadência, pois a economia francesa perdia seu dinamismo e recuava diante da ascensão da Alemanha, dos Estados Unidos, da Rússia, mas foi também um período de grande renovação dos estilos e das linguagens. Não há jamais harmonia das épocas criativas nos diversos domínios da vida social. A mobilização e a tensão impostas pelos movimentos sociais e políticos são pouco favoráveis à elaboração de novos sistemas simbólicos; inversamente, uma época de artistas e de letrados é raramente favorável à ascensão de ações coletivas. Falando aqui da decadência, não trago, portanto, nenhuma condenação de conjunto; situo-me unicamente no ponto de vista das condições de aparecimento das forças sociais e políticas que devem inventar o futuro coletivo. A própria análise acaba por se dissolver. O desgosto pelas ideologias faz com que se desconfie de toda busca que vá além das aparências; a crítica social é substituída pela descrição desabusada ou cínica dos hipócritas e das convenções. Este gosto ambíguo pelos signos conduz facilmente ou ao comércio ou ao dandismo, e os fragmentos deformados da velha esquerda servem aos jogos de sociedade dos novos mundanos.

O apelo à identidade

Todas essas formas de recuo conduzem também ao apelo à identidade do indivíduo ou do grupo definidas fora de suas relações sociais e à parte de toda situação de dominação e de dependência. Apelo ambíguo. Quando foi lançado nos anos 50 e 60 pelos movimentos de contracultura, ele ampliava o campo da política. Resposta à dominação da cultura de massa, é sobretudo uma ruptura com as velhas regras morais: o indivíduo não se submete mais às virtudes do individualismo viril do século XIX americano ou às normas puritanas do trabalhador industrial europeu. O operário se defendeu até então apoiando-se em sua profissão e em uma cultura operária; mas, quando a vida privada é invadida por normas de conformidade social, como se defender senão apelando ao que há de mais individual, até às forças mais independentes de controle que o indivíduo exerce sobre si mesmo, o corpo, o inconsciente, a língua?

Os limites da vida política e as trocas sociais explodem. Richard Sennet se inquieta e fala do declínio do homem público (título original de seu livro). Acontece que o apelo à identidade, se é uma força de luta contra a desigualdade, pode ser também meio de destruição da sociedade, da ação social inovadora e contestatária tanto quanto da reprodução dos privilégios. Quando o apelo à identidade deixa de ser crítico, quando se fecha sobre si mesmo, torna-se narcisismo. A revolução cultural dos anos 60, que convocava a uma participação mais pessoal e à renovação da ação coletiva, deixa espaço, nos anos 70, a uma recusa de toda ação coletiva, a um curvar-se sobre si mesmo. Com outros, Christopher Lasch analisou essa cultura do narcisismo:

Para o narcisista o mundo é um espelho, enquanto que o individualista brutal o via como uma superfície vazia e selvagem que podia modelar à sua vontade.

O indivíduo não é mais guiado por um superego carregado de valores sociais; ele está fechado na experiência imediata pelas pulsões do *id* que invadiram seu superego e o tornaram punitivo, destruidor de qualquer projeto. A identidade só é experimentada nos olhos dos outros, que ratificam a auto-estima do narcisista; daí a procura incessante de um outro que desaparece tão logo se instale uma relação de troca. A procura da identidade destrói toda relação inter-individual ou social, e é finalmente autodestrutiva. Ela anula o passado e o futuro, substitui o simbólico pela experiência imediata e a culpabilidade pela ansiedade. O desejo de liberação e a autenticidade não passam de uma forma, orgulhosa demais, de conformismo social, destruindo a distância crítica sem a qual não há ação criativa ou reivindicativa.

As ilusões da contracultura podem ser ainda mais perigosas. Elas conduzem a uma recusa da intervenção social e das responsabilidades pessoais, a uma decomposição da ação política e até da personalidade. Em vez de procurar ultrapassar os obstáculos através de esforços a longo prazo, os atores se limitam a condutas imediatas, segmentárias, espetaculares e chegam até, como disse Francesco Alberoni, a fazer o elogio da desordem e da entropia. A aceitação de todas as formas de sexualidade ou de todas as idéias, ou ainda a recusa de todo programa político e a procura da mais pura autonomia levam a uma desintegração da ação coletiva e pessoal, a um vazio que provoca inevitavelmente, em troca, um apelo à ordem, contra os perigos aos quais, se descobre tarde demais, não é mais possível resistir.

Woody Allen e Claire Bretécher revelaram as formas doces desse narcisismo, cômicas e sedutoras enquanto limitadas a um mundo privilegiado — o dos intelectuais novaiorquinos e parisienses. Mas sob essa superfície divertida, à medida que caminhamos mais para a insegurança e menos para o controle da linguagem, pode-se descobrir um cinismo mais desesperado e agressivo, que responde à dissolução das relações sociais em uma sociedade que não é mais conduzida pela renovação acelerada dos objetos de consumo.

Uma classe pouco dirigente

Esse apodrecimento é ainda mais grave à medida que os setores dirigentes perdem o vigor que lhes permitiria levar a sociedade a mudanças profundas, sem renunciar a um otimismo liberal e tolerante. Incapazes de se comportarem como classe inovadora, preocupam-se sobretudo em manter seus privilégios de dominantes. A fragilidade do investimento privado, a recusa freqüente em reconhecer a influência sindical, a dependência de muitas das empresas em relação ao Estado, o enriquecimento assombroso de numerosos chefes de empresas, negociantes e executivos, tudo indica a incapacidade dos dirigentes da sociedade francesa de se responsabilizarem por sua transformação. A França permanece como um país onde há mais plutocratas que industriais, e assim como um sindicalista do começo do século, nós nos flagramos arrependidos de não termos um capitalismo de empreendedores dinâmicos. A organização patronal permanece, sobretudo, como um instrumento de pressão sobre o Estado, procurando defender o conjunto do patronato com um fervor quase patriótico.

Quanto ao mundo político, sua degradação é espetacular. Somente o quadro político do gaullismo mais intransigente, com Michel Debré no comando, empreende reformas importantes. O nome de Georges Pompidou só deixará como lembrança um governo luís-filipino com uma única filosofia: "enriqueçam". Hoje o papel principal do governo parece ser o de repartir, de modo desigual, o custo da crise e evitar toda reforma importante. O primeiro-ministro empreende, com coragem, uma batalha puramente defensiva, mas em torno dele não há nenhuma iniciativa, nenhuma abertura. O campo de negociações coletivas se restringiu; os problemas de educação foram mais do que nunca esquecidos; os da saúde e assistência social, cada vez mais urgentes, não são objetos de um debate profundo; toda reforma regional foi descartada. A ação do governo consiste em proteger o dinheiro dos ricos, em respeitar as conquistas das categorias médias e a controlar os mais desfavorecidos através de um clientelismo paternalista. A grandeza gaullista desapareceu; ela não deixou espaço a um espírito de eficácia e de negociações de tipo alemão, mas antes de tudo à defesa de privilégios e a desvios que levam a acordos comprometedores e à corrupção.

A sociedade francesa é teatral; atores excessivamente maquiados representam um espetáculo barroco, no qual as falsas perspectivas, os cenários fictícios, as volutas e os gestos amplos demais talvez seduzam a imaginação, mas desencorajam um julgamento realista. Essa teatralidade não é o apanágio da direita no poder; a esquerda experimenta o mesmo prazer e a desempenha com a mesma habilidade. Diante disso, como não pareceriam irresponsáveis os ecologistas que se manifestam sob a chuva e sob as granadas de Malville, as mulheres que se recusam a servir a pátria com seu ventre, os viticultores que esvaziam os barris dos traficantes? Como, nessa sociedade de covardes, a cólera poderia ser ouvida? Sua voz explosiva é encoberta pelas grandes árias cantadas pelos tenores. Da recusa temerosa do futuro à hipocrisia do governo e ao dinheiro fácil demais dos ricos, a sociedade francesa quase inteira preocupa-se sobretudo em viver comodamente sua decadência. Cada um se defende, menos os que estão sem defesa — jovens desempregados, trabalhadores imigrados, regiões subdesenvolvidas. Indulgência de uma sociedade que não fez nem os esforços das sociedades que querem ser donas de seu próprio futuro nem possui a efervescência das que querem se liberar da miséria e da dependência. Ela quer permanecer no centro, desconfiando tanto dos patrões vencedores quanto das reivindicações populares e preferindo a proteção do Estado ao esforço de responder aos desafios do meio.

Ora, uma vontade coletiva de dominar o futuro é uma condição necessária para a formação de novos movimentos sociais. O movimento operário não se funda mais sobre a nostalgia das profissões e das antigas associações operárias destruídas pela indústria, mas sobre a esperança de uma sociedade de trabalhadores; o movimento popular contra o absolutismo do Antigo Regime foi impulsionado pela esperança de liberação e do triunfo da razão e do povo. Não temos de escolher entre a eficácia brutal de uma classe dirigente e a defesa legítima mas estreita de interesses profissionais. Só os novos contestatários falam em nome do futuro; só eles trazem consigo, ao mesmo tempo, a inovação cultural e a luta social, mas eles falam para as paredes, pois diante deles a classe dirigente se esconde por detrás do Estado administrativo, e o conjunto do país se dobra friamente ao imediato. Nada é mais falso que opor o racionalismo tecnológico dos defensores do programa nuclear aos doces sonhos dos ecologistas, porque, se é verdade que as reações de defesa invocam a ecologia, a ecologia política só se forma ultrapassando-se e até opondo-se a elas. Os movimentos sociais contribuem para destruir as forças de conservação e os privilégios. É somente quando não encontram mais diante de si as classes dirigentes modernizantes, nem em torno de si a vontade de descobrir e organizar novas formas de vida coletiva e pessoais, é que eles se revelam como agitadores embaraçados: os profetas não podem conduzir um povo cuja única ambição é proteger-se do frio da noite.

Retorno da extrema-direita

É entretanto pouco provável que a pressão dos contestatários faça ceder a boa consciência dos dirigentes. A evolução poderia vir de fora. Durante um curto período pudemos acreditar que a modernização cultural se encontrava do lado da direita liberal. A legislação da contracepção e do aborto, adotada após longas campanhas das mulheres e com o apoio da esquerda, mas obtida por Lucien Neuwirth e Simone Veil, ou, ainda, as medidas liberais adotadas por Giscard dEstaing no campo da informação tornaram mais concreta a realidade desse liberalismo avançado. Esse período hoje acabou. A inflação não foi reduzida; novas altas de petróleo, aceleradas pela queda do regime iraniano, levaram a uma significativa queda da renda nacional. O desemprego aumenta e o INSEE anuncia que ele deverá continuar a crescer nos anos que se sucedem. A inquietude se espalha. Durante um tempo, foi possível ao governo encarregar o primeiro-ministro das tarefas ingratas: dizer a verdade econômica e organizar o recuo. Enquanto isso, o presidente e seus amigos falavam ainda a linguagem do progresso social, sem, entretanto, transformá-la em atos; concomitantemente a oposição gaullista exigia uma política mais ofensiva, de mais justiça e um maior esforço nacional, sustentada por interesses que defendiam privilégios que deveriam ser postos abaixo. Mas as dificuldades estão se agravando. A opinião pública não acredita mais que o governo a esteja conduzindo para a saída do túnel; é preciso, portanto, que os dirigentes políticos sustentem uma outra linguagem: a da coesão necessária em uma situação difícil e, sobretudo, a da confiança indispensável nos dirigentes. A oposição gaullista, que perdeu a esperança de vencer o governo, pensa poder reconquistar terreno nesse clima de salvação nacional, à medida que se aproxima a eleição presidencial. O liberalismo avançado se transveste em conservadorismo nacional. Algumas medidas atingem os juízes considerados democratas demais; o debate sobre a abolição da pena de morte é recolocado. Exalta-se a luta contra o banditismo para assegurar as pessoas honestas. A esperança de reforma é substituída pela necessidade de proteção.

Esse novo conservadorismo apóia-se na visão de conjunto das sociedades ocidentais elaborada pelos especialistas da Trilateral, sob o impulso de Zbigniew Brzezinski e daqueles que constituíram em seguida, com ele, a equipe dirigente da presidência Carter. É preciso, segundo Brzezinski, pôr limites à política de redistribuição e de democratização dos anos da social-democratização fácil do pós-guerra. É preciso que os países ocidentais recuperem uma capacidade de decisão e de iniciativa que lhes permitam resistir ao enfraquecimento interior e exterior que os ameaça: isto implica, em nível internacional, ao mesmo tempo, mais firmeza em relação ao adversário soviético e mais liberalismo na "periferia" do império, em particular na América Latina e na África, para que se obtenha uma maior homogeneidade do espaço a ser defendido. Essa ideologia representa os interesses do capitalismo dinâmico e, antes de tudo, o das empresas multinacionais. A imagem populista do presidente Carter não nos pode fazer esquecer que ele não é, de forma nenhuma, o defensor da pequena burguesia, mas que procura associar, à política que convém ao setor mais dinâmico do capitalismo, uma nova clientela, ao mesmo tempo progressista e conservadora.

Na França, essa tendência é menos marcante, pois a presença das empresas francesas entre as elites das multinacionais é relativamente reduzida, de modo que a divisão do capitalismo em dois setores, marcada de forma decisiva nos Estados Unidos, é menos nítida aqui. Mas a vitória progressiva dos giscardianos sobre os chiraquianos representa também a vantagem que assumiu a grande indústria — que tem responsabilidades internacionais — sobre o pequeno capitalismo nacional, mais protecionista, e que carrega às vezes um tom populista. Enquanto a outra política está preocupada em, ao mesmo tempo, reforçar a capacidade das grandes empresas e manter sua influência política através de um paternalismo para com as categorias mais dependentes do poder central. Esse capitalismo moderno se sente suficientemente forte para falar em nome da sociedade e do interesse geral. Pode, portanto, concomitantemente, empreender uma política de classe e se dar um ar modernizador, para se opor às antigas formas de gestão econômica e combater ativamente os novos movimentos reivindicatórios. Permanece liberal e resiste às pressões da direita nacionalista. Mas o agravamento das dificuldades econômicas faz renascer, no próprio interior dos meios dirigentes, uma concepção mais autoritária de Estado, que gostaria de subordinar, globalmente, o funcionamento da sociedade às exigências da economia.

Isto constitui, certamente, um mau programa eleitoral;

será preciso também esperar o resultado das eleições — se elas forem favoráveis ao atual presidente — para que se acentue nitidamente essa nova orientação.

Daqui por diante os jovens chefes do Club de lHorloge, mais próximos, na verdade, do RPR,* exigem uma política livre de toda preocupação de ordem social e que responda às necessidades inevitáveis da seleção natural. Esse elitismo só pode se tornar perigoso se for associado a uma nova cultura política de direita, capaz de justificá-lo em termos que ultrapassem os raciocínios econômicos. Essa cultura começa a tomar forma diante de nossos olhos, o que merece atenção e não somente uma dessas condenações sumárias tão sectárias quanto o que elas pretendem denunciar.

A nova direita parte de uma constatação justa: a crise atual é mais de um Estado do que de uma economia. Não a crise da administração ou mesmo da autoridade pública, mas a crise de soberania. Aqueles que vêem no Estado um agente de execução da classe dirigente não levam a sério seus atos, que lhes aparecem como simples máscaras dos interesses econômicos. É preciso reconhecer, ao contrário, a gravidade da crise atual do Estado nacional francês. Durante séculos ele foi um dos que dominou o mundo; hoje ele vê Estados nacionais, que sempre escaparam à sua colonização, formarem-se e lhe fazerem oposição. Esses novos Estados não são simples aparelhos de governo; são Estados nacionais e às vezes supranacionais, falando em nome de uma cultura, de uma língua, de uma religião, de uma tradição, ao mesmo tempo que de interesses econômicos e de um território.

Neste planeta coberto de Estados e dominado por dois impérios, dois super-Estados, ambos apelando a uma ideologia e a um sistema econômico, aprofunda-se, segundo a nova direita, uma zona apática, na qual se dissolvem os antigos Estados nacionais, desaparece a consciência nacional, se expande uma mistura confusa de um universalismo abstrato e a defesa imediata de interesses setoriais, corporativos ou locais. Podemos acreditar, pergunta ela, que possam subsistir por mui-

---

* Rassemblement pour la République (Reunião pela República): partido fundado em dezembro de 1976 por Jacques Chirac, que, designado por François Mitterrand, em março de 1986, elegeu-se primeiro-ministro da França. (N.T.)

to tempo a independência e a prosperidade dessas populações que se renunciam como nações e não suportam mais a carga de um Estado?

A nova direita é naturalmente nacionalista, ou seja, compartilha as coações do Estado nacional e as opõe aos interesses de todas as categorias especiais, classes, sexos, idades, regiões, grupos de interesse. Sua novidade é que não defende um Estado nacional forte, como fizeram os intelectuais nacionalistas na época do caso Dreyfus, mas um Estado enfraquecido, que se submete ao mesmo tempo à dominação de um império, às ameaças de um outro e à pressão de novos Estados. Ela não fala, portanto, da missão universalista da França, o que soaria vazio demais; exorta seu país a seguir o exemplo dos jovens Estados nacionais e a defender sua especificidade cultural. E, como sabe que as fronteiras nacionais não são mais soberanas no mundo de hoje — em que se opõem globalmente vastas zonas culturais, conclama a uma herança européia que chama de indo-européia, mas que designa, na realidade, a zona de influência dos grandes países da Europa ocidental, incluindo as nações das Europas central e oriental. Da mesma forma que no século XIX o sentimento nacional de uma Alemanha desmembrada conclamava à unidade da cultura alemã para constituir seu Estado, hoje a nova direita conclama à unidade da cultura européia para dar aos países da Europa ocidental um desejo de existência nacional.

Mas tudo isso não é suficiente, pois a Europa está enfraquecida. E a nova direita está apelando agora para a ciência. Nossos recursos são limitados, diz ela; não somos numerosos, mas somos a elite, os filhos dessa pequena minoria que há séculos provou sua superioridade inventando o mundo moderno sem dispor de vantagens materiais decisivas. Ela não fala de raça superior, porque a lembrança do nazismo ainda está muito presente e a ciência rejeitou, com o maior vigor, o racismo. A ciência reconhece a existência da humanidade; e afirma ao mesmo tempo que os indivíduos são diferentes uns dos outros; recusa-se a admitir a existência de raças e enumera uma multiplicidade de critérios de diferenciação — não concordando entre si — entre os grupos humanos. Não encoraja os outros apelos que lhe faz a nova direita. A separação do inato e do adquirido, e a importância determinante do primeiro, afirmados de forma peremptória pelos autores de *La politique du vivant*, confrontam-se com o julgamento dos cientistas, que os ideólogos são obrigados a citar: o ser humano nasce inacabado, sua personalidade não é um sistema fechado, mas aberto e se modifica ao longo de suas relações com o meio. O inato e o adquirido misturam-se como as águas do rio e do mar no estuário. O recurso da nova direita à biologia é paradoxal e desconcerta seus amigos cientistas. Alain de Benoist, o mais ponderado dentre seus ideólogos logo compreendeu isso, e mesmo que ainda continue a se servir de textos de inspiração racista, afastou-se de um biologismo que pode funcionar como uma armadilha.

De onde vem então esse perigoso apelo à biologia? Do desejo de separar o Estado e a nação da sociedade. Por quê? Para legitimar a dominação de uma elite estatal e nacional. A classe dirigente perdeu sua legitimidade e também sua supremacia econômica. Ela se deixa levar pela ascensão das classes médias e pelas reivindicações setoriais; é impotente para impedir a morte do Estado e o suicídio da nação. Trata-se, portanto, para a nova direita, de criar um corpo de cavaleiros, uma elite no sentido mais estrito, cujos membros seriam escolhidos por sua superioridade natural, intelectual e, de modo mais global, por sua superioridade biológica, para não dizer racial; receberiam uma formação severa, para que haja a seleção natural, e ser-lhes-ia dado o comando da nação, com a responsabilidade de defender sua unidade contra as dissidências regionalistas e sua força viril contra a ameaçadora feminização. Em um mundo de Estados e de rivalidades imperiais, deveriam comandar a guerra, amar a força das armas e a camaradagem que precede e se segue ao combate. Deveriam estar enraizados em sua cultura como árvores na terra, ser franceses na França, como argelinos são os dirigentes nacionalistas na Argélia e vietnamitas os combatentes que lutaram contra os ataques americanos. Força natural, eles não apelariam a nenhum universalismo e se libertariam da tradição judaico-cristã. Pagãos, eles resistiriam ao frio e ao sol, e sentiriam vivos seu sangue e seu sexo macho... Devo ir mais longe e delinear, por detrás das imagens do romantismo alemão que nos propõe muito habilmente a nova direita, o corpo orgulhoso, o passo cadenciado e as armas assassinas desses alemães que ficaram mais próximos de nossas memórias do que os contemporâneos de Herder e de Fichte?

Fascismo? É fácil demais rejeitar a acusação. Certo, a história não se repete. Eu mesmo acabei de indicar que essa nova cultura de direita está associada a um elitismo político e econômico, o que a opõe ao nacional-socialismo, que foi antiaristocrático e queria ser popular. Mas se admitimos denominar fascismo todo apelo autoritário à unidade cultural e estatal da nação, como recurso contra os movimentos populares que uma classe dirigente em crise não pode mais conter, a nova direita é um fascismo. E, ainda que esteja longe de desempenhar o mesmo papel dos fascismos surgidos logo depois da Primeira Guerra Mundial e da revolução soviética, ela carrega consigo uma lógica de repressão social mortalmente perigosa para as liberdades democráticas. A nova direita é antidemocrática, se bem que não dependa dela encontrarem-se ou não os meios para se destruir a democracia. Talvez nem todos os seus ideólogos aceitarão o recurso à violência política, mas nós ainda temos na lembrança os tradicionalistas que se tornaram devotos do nazismo, e os refinados letrados que se transformaram em anti-semitas furiosos. Os comportamentos não são um simples prolongamento de uma idéia e a história freqüentemente elege nos indivíduos o que eles têm de pior. Por ora, sendo combatida pelo giscardismo liberal, a nova direita já tem um certo peso na ideologia da maioria e esse peso pode ainda aumentar à medida que a crise se mostre mais grave e que os governos, uma vez passadas as provas eleitorais, apelem mais diretamente à defesa do país, à sua especificidade e suas tradições em um meio hostil.

Não falo aqui de fascismo para descartar a nova direita. Se ela não fosse uma ressurgência neonazista, não teria grande importância. Se tem, é porque seus apelos à defesa de uma especificidade natural, igualmente distanciados do integralismo dos católicos tradicionalistas e do populismo demagógico da direita, se aproximam de algo que o mundo inteiro está repleto. Já que o liberalismo é considerado liberador e revolucionário em todo o planeta, por que, pergunta a nova direita, condená-lo como fascista e reacionário, nos países em que é cada vez mais abusivo dizer que eles impõem sua lei ao resto do mundo, se eles não têm sequer o poderoso fogo nuclear e esperam tremendo as decisões da OPEP? Em um mundo repleto de Estados que falam alto e forte em nome de uma nação e de uma cultura, a questão posta pela direita nacionalista não pode ser evitada. Como salvaguardar nossa existência nacional? Enquanto nosso Estado foi poderoso, no limite de suas fronteiras, pudemos facilmente manter uma linguagem universalista, ao mesmo tempo generosa e dominadora. Mas hoje não é mais possível permanecer sobre o poder do Estado fingindo desinteresse por ele ou combatê-lo, e aqueles que se declaram indiferentes a sua existência nacional o dizem sem refletir. A renúncia à existência nacional indica o abandono mais completo de toda capacidade de ação coletiva, contestatária ou institucional.

A esta questão é preciso, entretanto, responder de uma forma absolutamente oposta à da nova direita. Os países mais industrializados e os mais democráticos não perdem nunca sua consciência nacional, mas ela é cada vez menos estatal e cada vez mais social. Apóia-se na consciência da participação em uma coletividade na qual a maioria está associada ao maior número de decisões possível, os conflitos são debatidos, reformas são introduzidas e as inovações são aceitas. A nova direita, solicitando-nos agir como os novos Estados póscoloniais, ilude-se, pois a força desses Estados está precisamente no fato de encarnarem uma liberação nacional. Aqueles que nos propõem um Estado puramente elitista, tendo como única justificativa os direitos de uma aristocracia, oferecem uma solução oposta a nossos interesses e desejos. Mas o único conteúdo real dessas idéias não é o de justificar, um dia, a repressão aos movimentos sociais, às idéias críticas e às liberdades públicas?

Nossa existência nacional não pode ser definida por uma herança biológica ou cultural. Os descendentes da Revolução Francesa já definiam a nação pelo desejo de se viver junto. Ela deve significar hoje a vontade de diminuir as barreiras no interior da sociedade, de aceitar a maior diversidade possível, de estabelecer, para além do presente, uma maior continuidade entre um passado múltiplo e um futuro aberto. Rodeados de sociedades fechadas, onde colocarmos nossa identidade senão em nossa abertura? Arriscamos sacrificar pouco a pouco nossas liberdades e nossa diversidade às necessidades de um

Estado-minotauro. Nossa existência nacional só será forte se se confundir com a procura de liberdade, o que significa também capacidade de inovação, aceitação do conflito, busca da negociação e da mudança. A nova direita diz que é preciso deixarmos de ser um povo-nação se quisermos continuar a ser um Estado nacional. Precisamos na verdade fazer a escolha inversa: tornar-nos uma sociedade cada vez mais criativa e senhora de suas próprias transformações.

TERCEIRA PARTE

NASCIMENTO DE UMA SOCIEDADE

5. A SOCIEDADE PROGRAMADA

Qual mudança?

Se o primeiro objetivo desta reflexão é o de convencer que estamos deixando a sociedade industrial e que a época do socialismo já passou, o segundo é o de rejeitar a idéia de que podemos concretizar o sonho de uma sociedade equilibrada e controlada.

Por todos os lados recorre-se a novos investimentos para se resistir à concorrência e reforça-se a capacidade de decisão dos aparelhos econômicos e administrativos. Os anos de crescimento fácil suscitaram contramodelos de sociedade; sentimos hoje, ao contrário, o peso ainda maior da influência dos dirigentes e sua exortação ao poder ou à sobrevivência. Ronda novamente os espíritos a idéia de uma possível guerra, que seria acompanhada de uma redistribuição da hegemonia em nível mundial. Falar de uma sociedade que conquistou seu lugar após um longo e desgastante período de crescimento é querer que o sonho se transforme em realidade. É bem mais provável que a sociedade em formação modifique, com maior profundidade do que a sociedade industrial, a produção e as relações sociais. Nada nos autoriza seriamente a pensar que nossa sociedade procurará o equilíbrio após ter desejado o crescimento. Os que sonham com uma ruptura completa com as idéias e práticas do período industrial erram redondamente. Não saímos da luta de classes para voltar a uma sociedade mais segmentada; entramos mais profundamente do que nunca no turbilhão da luta de classes, porque essa luta estará mais viva à proporção que o investimento seja maior e seja mais profunda a ação que a sociedade exerce sobre si mesma e sobre sua própria transformação.

Não confundamos, nesse período de mutação, crise de passagem com formação de um novo tipo social. Nesse momento, o declínio da sociedade coloca em questão o trabalho, o crescimento, o socialismo e provoca o desejo do antitrabalho, do anticrescimento, da revolta libertária. Essas recusas anunciam a nova sociedade que não será a negação da anterior. É mais sedutor, nesse período de crise, ser levado a acreditar que os comportamentos de recusa se transformarão em normas da vida coletiva futura: atitude típica das utopias, que é de apresentar a morte do passado sob a forma de uma imagem da sociedade futura. Mas já saímos do momento da utopia, pressionados de todos os lados pela crise e pela incerteza. Se demorarmos demais para designar os novos espaços do poder, cairemos sob sua dependência. Reconhecendo-os a tempo, ajudaremos, ao contrário, aqueles que já começam a combatê-los.

Em oposição a esses profetas de uma sociedade do equilíbrio, alguns me acusarão, pelo contrário, de permanecer prisioneiro da experiência social e política que está por terminar, e de não perceber que o futuro não será dominado pelas classes dirigentes, mas pelos Estados. Não é somente nos países totalitários, dizem eles, que os poderes econômico, político e cultural estão nas mesmas mãos; a separação entre os poderes desapareceu em todos os lugares. Essa tese é exagerada. Estamos longe de viver em uma sociedade estatizada. Os dissidentes dos países do Leste têm razão de se escandalizarem com tais excessos de linguagem. A descoberta do Gulag e os regimes totalitários do Terceiro Mundo fazem — sob o pretexto de manter a balança equilibrada e não aplaudir os países conservadores — com que nossa sociedade apareça como um campo entrincheirado submetido a uma única lei, a do Estado. Há uma certa indecência ao se proclamar nos jornais que não existe liberdade de imprensa, ou ao se propagar, na universidade, que a ideologia dominante paralisa o pensamento crítico. Essa paranóia esnobe, menos inocente do que parece, acaba denunciando somente o Estado-glutão, que sabemos não ter um apetite tão grande, e desviando os problemas propriamente sociais, que não são poucos, que permite defender, com a consciência limpa, os privilégios e hábitos intelectuais. Uma grande parte do mundo é dominada por Estados totalitários: devemos dar maior atenção a seu funcionamento e aos esforços da sociedade civil para se livrar de sua dominação. Mas do nosso lado, onde os problemas da sociedade continuam a contar mais que os do Estado, o pensamento crítico pode se exprimir e portanto deve ser manifestado por aqueles que lá combatem e pelos que, no fundo da noite totalitária, ainda mantêm a coragem.

Um modo de produção

A dominação da sociedade sobre si mesma expande-se lentamente: cria, aos poucos, formas econômicas de intervenção que transformam primeiro a produção direta dos bens de consumo, depois alçam-se à divisão dos bens e à especialização simples das áreas de produção, antes de penetrar no nível dos métodos de fabricação e de organização do trabalho, e finalmente conquistar a capacidade de introduzir os meios de produção. À penetração do investimento em cada um desses níveis da atividade econômica — consumo, distribuição, organização e produção — corresponde um tipo de sociedade. Mas esse trabalho da sociedade sobre si mesma não pode ser separado de outros aspectos da produção da sociedade por ela mesma. E, em primeiro lugar, de uma transformação do conhecimento, que passa de uma visão dos fenômenos humanos inseridos na ordem do universo à análise da ação e do modo de funcionamento dos sistemas de ação. Finalmente, essa ascensão da capacidade das sociedades de agirem sobre si mesmas transforma nossa representação dessa capacidade de produção simbólica e de intervenção sobre nossa atividade e nosso meio. Projetada para além do homem, em um mundo religioso que age sobre os homens e sobre o qual eles podem agir, ela é reapropriada, por etapas, até ser compreendida diretamente como liberdade e criatividade. É inútil perguntar se é o modo de investimento, o modo de conhecimento, ou o que chamo de modelo cultural, que desempenha o papel principal. A ação humana é, ao mesmo tempo, conhecimento, trabalho e valorização. Em contrapartida, essa representação da ação social afasta qualquer recorrência a princípios ou essências, à idéia de Homem, de Razão ou de sentido da História. Definimos uma sociedade por seu trabalho, seja ele ligado ao conhecimento, ao investimento ou à ética.

Sem se deixar aprisionar pelos riscos de uma exposição breve demais e exageradamente esquemática, é preciso definir a sociedade na qual estamos adentrando em relação a outras, descrevendo sua organização econômica, seu modo de conhecimento e seu modelo cultural. Tampouco essa análise será uma descrição da sociedade francesa atual, da mesma forma que as análises do capitalismo industrial elaboradas por Marx e pelos economistas liberais não descreviam a sociedade francesa de 1860, ainda bem pré-industrial. Ainda não saímos de uma sociedade industrial e lutaremos por muito tempo por reformas que limitem a dominação que pesa sobre os trabalhadores da indústria. Mas é indispensável percebermos o mais cedo possível as novas forças que conduzem e orientam as transformações da sociedade. Estamos ainda na sociedade industrial, mas já as mudanças que nela se operam e sofremos só podem ser entendidas pela formação da sociedade programada, que é pós-industrial, assim como a sociedade industrial foi pós-mercantilista.

Comecemos, portanto, por indicar as novas formas de organização econômica e, conseqüentemente, as novas relações de classe que surgem nas sociedades industrializadas. Um sistema econômico, um modo de produção, se define pelo nível de inserção do investimento, que pode se situar ao nível dos bens de consumo, da troca, ao nível da organização do trabalho ou, finalmente, da capacidade de produção. Quando o investimento se situa só ao nível do consumo, da subsistência, como acontece nas sociedades agrárias tradicionais, em que é preciso reservar uma parte do produto para a semeadura e se nutre a força de trabalho a ser investida na atividade agrícola, tudo o que está acima desse aspecto imediato da atividade econômica se define como exterior ao mundo do trabalho. O sistema de distribuição repousa sobre a separação entre trabalhadores e não trabalhadores, do *negotium* e do *otium* reservado aos que combatem, rezam e dirigem. A organização do trabalho repousa sobre as tradições, ou seja, os sistemas culturais que não se reduzem a uma racionalidade técnica. Finalmente, a ação sobre a própria produção só pode vir de uma intervenção exterior: mudança de clima, chegada de uma nova população ou guerra.

ELEMENTOS DO SISTEMA ECONÔMICO	ORIENTAÇÕES NORMATIVAS DA AÇÃO
Produção	Mudanças exógenas
Organização	Tradição
Distribuição	Trabalho/Não-trabalho
Consumo	*Subsistência*

No momento em que o investimento não se aplica mais apenas à produção direta dos bens de consumo, mas também à sua troca, o que é característico de uma sociedade mercantilista, o nível da distribuição ganha maior importância. A sociedade mercantilista é antes de tudo uma sociedade de propriedade e de troca. O consumo é comandado por essa organização social: a profissão é definida como estatuto. A organização do trabalho permanece acima da historicidade. Weber, definindo a burocracia característica das sociedades mercantis, mostrou muito bem que elas se assentam sobre uma autoridade racional-legal, ou seja, sobre princípios gerais. Da mesma forma, a capacidade de produção só é transformada pelo gênio, pela invenção e inovação. É a época dos artistas e artesãos que fazem descobertas, testemunho de sua genialidade, mas também dos limites de ação da sociedade sobre si mesma.

Produção	Invenção
Organização	Burocracia
Distribuição	*Propriedade*
Consumo	Estatuto

Já se sabe que a sociedade industrial nasce com a entrada do investimento na organização do trabalho. Avanço decisivo, que sacode as sociedades e as leva da ordem para o movimento, pois o investimento penetra no domínio dos métodos de fabricação, em lugar de se limitar à troca e ao consumo. O que comanda é o nível de organização. Só a ação sobre a produção continua a ser reconhecida como exterior à historicidade, ao trabalho humano. O que se traduz, já o dissemos, pelo reconhecimento de um movimento natural das forças de produção. Em contrapartida, o modo de distribuição, ou seja, a imagem da hierarquização social, está diretamente ligada à organização do trabalho. É o nível de autoridade — executante ou executiva — que comanda o nível social. A sociedade dos proprietários é substituída por uma sociedade de empreendedores e de chefes. As empresas multiplicam os organogramas e cada um preocupa-se em saber quem o comanda e a quem pode dar ordens. A imagem do consumo é determinada por esse modelo, que se transforma no modelo da poupança: não consumir para investir, não perder seu tempo e sim trabalhar ou estudar, essa é a obrigação principal e tudo o que é divertimento, jogo, gratuidade é considerado, em todos os domínios, da sexualidade à alimentação, como inferior ou perigoso.

Produção	Forças de Produção
Organização	*Organização do trabalho*
Distribuição	Autoridade
Consumo	Poupança

Tais são as normas de conduta econômica desta sociedade industrial à qual pertencemos ainda. A grande diversidade das formas de industrialização não impede, de nenhum modo, de apreender as características gerais dessa sociedade industrial e, sobretudo, o que orienta, como um todo, o papel central da organização e da divisão social do trabalho. Ela repousa sobre a transformação autoritária da divisão do trabalho e, portanto, do conteúdo e da cadência da atividade profissional, através dos chefes das fábricas e das indústrias. Essa idéia, que vimos estar na base do movimento socialista, deve ser lembrada para situarmos o lugar preciso da passagem da sociedade industrial à pós-industrial.

Essa sociedade aparece a partir do momento em que se aplica o investimento na própria capacidade de produção, para além da organização do trabalho. O essencial não é a recorrência à ciência e à tecnologia, mas a intervenção global sobre um sistema de produção através do cálculo, da análise de um sistema e não mais de uma atividade e, portanto, a passagem do conhecimento técnico ao tratamento da informação. A sociedade pós-industrial concebe as interdependências entre os elementos de um sistema e transforma esse conhecimento em programas e roteiros. Ela não se preocupa mais em estabelecer uma relação direta entre uma causa e um efeito, isolados de seu contexto, mas em definir os encaminhamentos que permitem conduzir um conjunto complexo a um determinado estado. É por isso que a sociedade pós-industrial deve ser chamada de sociedade programada.

Isso afasta qualquer definição tecnicista. Zbigniew Brzezinski propôs chamar a sociedade pós-industrial de "tecnotrônica" e enumerou as transformações sociais que levaram à sua emergência: abertura de educação a todos, preocupação pelo bem-estar psicológico substituindo o vínculo com o trabalho, importância da alienação política, abordagem menos global, mais pragmática e mais humanista dos problemas sociais, movimentos feministas pela igualdade, política de massa substituindo a dos partidos e dos sindicatos, interdependência crescente dos governos, dos cientistas e dos industriais, prioridade da qualidade de vida sobre o nível de vida etc. Tal enumeração condena essa tentativa de definição tecnicista e todas as que lhe são semelhantes. É arbitrário explicar as mudanças políticas e culturais pela transformação dos meios de produção; é praticamente um retorno à mais extremada ideologia industrial. Não se pode deduzir o movimento feminista ou uma forma de atividade universitária diretamente de um modo de produção. É preciso seguir o longo caminho da análise das relações sociais, de sua expressão política e das resultantes formas de organização social e cultural. Reduzir a sociedade ao conjunto das conseqüências de uma causa primeira, seja ela tecnológica, econômica, política, cultural ou psicológica, é contraditório às características de uma sociedade que, mais que tudo, é produzida por sua ação sobre si mesma, e não, como se pensou, pela ação de "fatores", forças materiais ou idéias.

É verdade que ficamos impressionados pela multiplicidade das descobertas técnicas e pela criação de um meio técnico que escapa a nossos sentidos. Não vemos os raios-X, não
imaginamos a concentração de informação em um microcom-
putador, mal concebemos as velocidades e as condições de des-
locamento dos satélites. Daí esse tão propagado sentimento
que o mundo técnico nos imprime e, portanto, de que nos impõe suas leis. Mas esse sentimento aparece sempre no princípio de cada tipo de sociedade. No início da industrialização,
a opinião pública descobriu lentamente a organização do trabalho por detrás do vapor e a luta anticapitalista por detrás
do movimento de recusa às máquinas. Da mesma forma, a
instalação tecnológica da sociedade programada precedeu de
muito sua organização econômica e social. Durante um longo período, apareceram inovações no domínio militar e paramilitar, distantes de nosso cotidiano, o que criou a ilusão de
que o novo meio deixou de ser social para ser só técnico. Pouco
a pouco redescobriremos o conjunto dos aspectos da sociedade programada e essa imagem tecnologista se dissipará.

Enquanto que o espaço central da sociedade industrial
era o da organização do trabalho, portanto o da oficina, ou
mesmo o do escritório, o espaço da sociedade programada é
o do sistema de produção, um conjunto de meios que é, antes
de tudo, um conjunto de informações. É difícil isolar sua participação dentro da população ativa. Fritz Machlup foi criti-
cado justamente por ter reagrupado categorias muito diversas — técnicos em informática, professores ou diretores de ci-
nema — na categoria de produtores de conhecimento. Mas essas dificuldades deverão ser suplantadas. Marc U. Porat,
utilizando-se de categorias por demais amplas, conseguiu mostrar, apesar disso, a ascensão massiva do setor de informática, enquanto a indústria entra em declínio, a agricultura só
emprega uma parte restrita da população ativa e os serviços,
uma vez eliminados os empregos ligados à informática, flu-
tuam em ligeira alta. Essa distinção de quatro setores nos li-
vra da noção difusa de setor terciário, na qual o pequeno escritório e os centros de estudos se confundem. Seria ainda melhor dividir a população ativa em três setores — mercantil,
industrial e programado —, pois a agricultura, essencialmente, não passa de um setor particular do artesanato. Esse rea-

grupamento reforçaria ainda mais as observações de Porat, que ele resume em um gráfico simples.

A influência em ascensão do setor de informação é tão rápida, mostra Porat, que desde 1967 os trabalhadores desse setor recebiam 53,5% dos ganhos e salários da população ativa civil. Na França, a equipe de Jean Voge, utilizando a categoria de Porat, imputa 33 a 45% da população ativa ao setor da informática. Tais números, ainda que discutíveis, justificam a constituição de uma nova categoria na população ativa. Tanto que o estudo das atividades individuais leva à mesma conclusão da análise das atividades coletivas. Nos Estados Unidos, Daniel Bell lembra a rápida ascensão da categoria *professional and technical*, dos quadros técnicos e intelectuais. A heterogeneidade desse conjunto não dispensa o reconhecimento do importante crescimento das categorias que manejam as linguagens em comparação àquelas que lidam com materiais.

A produção da sociedade programada está bem representada pelo impulso da informática, contanto que se evite o contrasenso que nela veria aí o triunfo de máquinas capazes de transformar por si mesmas tanto a vida cotidiana quanto a produção. Raymond Moch afasta esse perigo, lembrando que a evolução técnica fez com que se passasse do computador ao sistema:

	1960	1975
Conjunto da população ativa (em milhares)...........................	66 680	88 660
Conjunto dos quadros técnicos e intelectuais (em milhares)..................	7 475	12 925
dos quais:		
cientistas e engenheiros......................	1 092	1 994
técnicos...	730	1 410
profissões médicas e ligadas à saúde...............................	1 321	2 240
professores......................................	1 945	3 063
outras categorias (contadores, juristas, arquitetos, artistas, clérigos.................	2 386	4210

A estrutura em sistema está prestes a atingir seu pleno desenvolvimento: as funções assumidas pelos sistemas correspondem às responsabilidades e aos objetivos do usuário e não traduzem mais, como ocorria antigamente, o imperativo da técnica informática (1978, p. 27).

Mas não vamos concluir apressadamente que os sistemas de informação permitem a descentralização das decisões: essa afirmação seria tão arbitrária quanto a tese oposta. O determinismo tecnológico aqui é tão menor, que as formas de um sistema de informação representam já um tipo de organização social. Por essa razão, os estudos sobre os efeitos sociais da introdução de computadores chegam mais a mudar a formulação inicial do problema do que a lhe trazer uma resposta. O estado da organização e das relações sociais em uma empresa determinam não somente o modo de introdução do computador, mas cada vez mais a própria forma do sistema de informação. Michel Crozier lembra aos especialistas em informática:

O problema não estava no condicionamento imposto pela máquina IBM ou CII, mas nos preconceitos, nos hábitos IBM ou CII. Podíamos ter feito outra coisa completamente diferente da que se fez e a idéia de que se pode comandar todo o conjunto social através de escolhas técnicas... não corresponde à realidade (1975, p. 237).

Quanto mais tecnizada uma civilização, menos está ela submetida ao determinismo técnico. As sociedades mais distantes da sociedade programada, cujos investimentos ficam no nível da produção direta dos bens de consumo, podem ser definidas em termos tecnológicos. Podemos falar da civilização do arroz, do trigo e da vinha, com a condição de não separar a tecnologia do conjunto do sistema cultural onde ela se situa. Quando se entra na sociedade industrial, ao contrário, o investimento, colocando-se no nível da organização do trabalho, afeta muito menos diretamente o consumo e a vida cotidiana. A transformação do modo de vida é menos importante que a das condições de trabalho. O que é mais verdadeiro ainda para a sociedade programada. Alardeia-se que a informática irá subverter nossa vida cotidiana, fala-se da resposta a ser dada às novas necessidades, mas as transformações concretas enumeradas parecem bem limitadas. A eletricidade teve mais conseqüências sobre nosso consumo direto que os microcomputadores e a metalurgia mais que a eletricidade. A extrema importância da informática não diz respeito tanto ao que ela produz como novos bens de consumo, mas ao que ela transforma na cultura, e, a partir daí, permite que cresça consideravelmente e até modifica o poder exercido pelos dirigentes da economia. A produção não aparecerá como que impulsionada pelas leis naturais do progresso ou pela genialidade dos inventores. Ela é reconhecida em si como produto; entra, portanto, no campo das relações sociais, torna-se sua finalidade. É por isso que a tecnologia não está mais nem acima da sociedade nem em sua origem, mas em praça pública. De modo mais imediato, o papel principal da informática — apesar de sua penetração no equipamento doméstico, graças à queda dos custos de produção e ao excesso de oferta — é o de tratar de numerosas e complexas informações, de se tornar um instrumento de gestão, seja nas empresas, no ensino programado ou na área da saúde, graças à multiplicação dos meios de detecção e de controle, bem destacados por Jacques Attali. A informática aumenta a densidade dos meios de intervenção da sociedade sobre si mesma; trata-se de uma nova estratégia, bem mais longa e eficaz do que as precedentes, para se passar do conhecimento ao consumo.

Esse tipo de produção comanda os outros componentes

do sistema econômico. A organização do trabalho não responde mais aos princípios considerados absolutos e ninguém mais acredita no *one best way*, no único e melhor caminho, reivindicado pelo taylorismo. Pelo contrário, as melhores formas de organização parecem ser hoje aquelas que reduzem sua rigidez: a organização não deve mais criar a ordem, mas sim favorecer a mudança. Os grandes quadros hierárquicos são substituídos pela mobilização de recursos para um projeto, um programa ou um produto. Como sempre, foi a organização militar que deu os primeiros exemplos espetaculares desses novos métodos de organização, colocando a pesquisa operacional a serviço do desembarque de 1944. A hierarquização, por seu lado, não é mais comandada pela organização do trabalho, como na sociedade industrial. Não são mais os organizadores, mas os detentores da informação que se colocam no alto da escala. Daí o triunfo da *meritocracia*, ao mesmo tempo que diminui, tanto nas empresas quanto na administração, a promoção no trabalho. Finalmente, o consumo também se transforma, e de um modo chocante. A produção comanda de tal maneira o consumo que não sabemos mais quando somos produtores ou simples consumidores. Quando consumimos educação e assistência médica, somos produtores ou reprodutores de nossa capacidade de produção? Não estamos mais na época em que se podia separar as atividades produtivas e não produtivas, como se as manufaturas fossem produtivas, enquanto que as escolas, os hospitais e as administrações não. Estamos em um sistema onde nosso consumo tenderá cada vez mais a crescer ou então a manter nossa capacidade de produção através de transplantes de órgãos do corpo, da aquisição ou renovação de conhecimentos, da intervenção no capital genético e sua transmissão, e também, é provável, nos diversos aspectos da personalidade e mesmo da vida coletiva.

Produção	*Programação*
Organização	Por objetivos
Distribuição	Meritocracia
Consumo	Produção

Essa sociedade programada não substitui de uma só vez a sociedade industrial; mistura-se primeiro com ela, da mesma forma que a indústria fora criada ao abrigo da sociedade mercantilista; mas a complexidade das transformações históricas não deve impedir o reconhecimento da passagem de um tipo de sociedade a outro. Por outro lado, a sociedade programada pode ser criada em qualquer modo de desenvolvimento, seja ele capitalista, ou, segundo a expressão consagrada, socialista. Antes mesmo de analisar as relações de classes dentro dessa sociedade, afastemos o erro que veria nela uma sociedade pós-capitalista. Expressão tão absurda quanto teria sido há quinhentos anos o julgamento de um habitante de Florença ou de Gent que, observando o aparecimento da indústria, a denominaria pós-capitalista, porque o capitalismo lhe parecia ligado ao mundo mercantilista. O capitalismo, como acaba de lembrar Fernand Braudel, é um modo de desenvolvimento e de propriedade que pode ser encontrado tanto na sociedade programada quanto na sociedade industrial ou mercantilista. A IBM é capitalista, assim como o foram os Krupp, os bancos dos Fugger ou dos Médicis. Os que resistem à idéia de sociedade programada e pós-industrial, porque ela lhes parece um meio de mascarar o caráter capitalista de nossa economia, perdem seu tempo. Sociedade programada e sociedade capitalista não se excluem de forma nenhuma: são categorias que pertencem a dois diferentes conjuntos.

Um modo de conhecimento

O objeto de nossa reflexão, o pós-capitalismo, nos leva a examinar, sobretudo, a natureza econômica da sociedade programada, as relações sociais de produção que nela se criam e os movimentos sociais que as manifestam. Não é preciso ainda reduzir um tipo de sociedade a um modo de produção. De fato, nesse caso como nos outros, a transformação do modo de conhecimento, na verdade, precedeu mais que seguiu as transformações econômicas. Não somente porque a informática e as manipulações genéticas exigem conhecimentos fundamentais que custam a se desenvolver, mas porque sua criação não se pode operar sem uma reflexão crítica sobre a necessidade de uma nova forma geral de conhecimento. Há muito tempo, o abandono do modo de conhecimento próprio à sociedade industrial é consciente, e inclusive nutriu importantes polêmicas. O conhecimento que, até recentemente, era de tipo histórico, privilegia agora a análise do funcionamento de conjuntos estruturados. Para além do evolucionismo, desenvolve-se o estudo da "lógica do ser vivo". A gramática histórica foi substituída pela lingüística estrutural, à qual outras escolas dão continuidade; a semiologia e o conjunto dos métodos de análise e de tratamento de textos substituíram, com celeuma, a história literária.

No caso da sociologia, a situação é mais complexa. O modelo histórico de análise, transmitido por Marx, Weber, Tocqueville, não eliminou o modelo anterior, herdado da filosofia política da época clássica, vinculados mais diretamente a Durkheim e Parsons, se bem que estes sejam também evolucionistas. Esta representação clássica parte da idéia de que a sociedade é um conjunto coerente capaz de gerar e de coordenar suas funções e sua transformação. A formulação clássica de Parsons distinguia quatro funções fundamentais: a escolha política dos fins, a busca econômica dos meios para atingilos, a manutenção das normas de funcionamento e a integração dos membros da sociedade, o que corresponde em particular à política, à economia, à justiça e à educação. Entretanto, torna-se urgente renunciar a essas velhas representações da vida social e sobretudo à noção clássica de sociedade. Esta faz, do conjunto social, um personagem — que só pode ser um príncipe è, empresta-lhe intenções e preferências, capacidade de definir um sistema de valores e de normas no interior do qual a divisão do trabalho social introduz uma diferenciação geradora de conflitos e tensões, o que corresponde a uma representação jurídica ou institucional, colocando a maior parte das funções sociais acima da economia, reduzida à escolha de meios excepcionais. Essa imagem combina bem com o evolucionismo: a evolução explica o estágio dos valores culturais em um momento dado. Posto esse quadro cultural, a sociedade é exatamente esse personagem único que o gera, enquanto que os atores especiais só intervêm no lugar que lhes é destinado.

É tão necessário afastar essa idéia de sociedade do campo da sociologia quanto é preciso suprimir a idéia de vida do campo da biologia. A linguagem administrativa é a única que ainda recorre a essa noção, e não por acaso, pois ela representa a unidade do Estado em face da multiplicidade das forças e dos interesses sociais. É preciso fazer desaparecer uma noção que contradiz a análise sociológica em seus dois domínios principais. Em primeiro lugar, as orientações culturais não devem ser separadas do conflito das classes que disputam seu controle: a classe dirigente é a categoria que dirige o investimento, a produção do conhecimento e das normas éticas, enquanto que a classe dominada se submete a essa direção e revolta-se contra a identificação das orientações culturais com os interesses dos dirigentes que tentam impô-las. É tão falso, por outro lado, dizer que os conflitos sociais são limitados e que só se exercem dentro de valores admitidos por todos, quanto o é reduzi-los à ideologia da classe dominante. Em segundo lugar, é perigoso confundir um sistema social e um conjunto histórico. Isso leva particularmente — uma vez definida uma sociedade como capitalista ou socialista — a se considerar, de modo arbitrário, todos os aspectos dessa sociedade como atributos de sua natureza capitalista ou socialista. Concepção que reduz completamente o funcionamento de uma sociedade a seu modo de desenvolvimento.

É preciso libertar o estudo dos fatos sociais dessas duas concepções e alçar ao primeiro plano a análise das relações sociais, relações conflitivas e abertas, movidas por grandes orientações culturais. O que esvazia a representação da sociedade como uma construção de dois andares — infra-estrutura e superestrutura è, pois é inútil perguntar se são os interesses ou as idéias, a economia, a religião ou a política que conduzem o mundo. Um sistema social não é um trem que se equilibra sobre os trilhos da história e vem puxado por uma locomotiva; fator dominante ou "última instância", ele deve ser analisado em termos de ação social e de relações entre atores orientados ao mesmo tempo socialmente frente a seus parceiros e culturalmente por finalidades valorizadas por uns e outros.

Uma regra de ouro da análise sociológica é a de não separar jamais o conhecimento das orientações culturais do conhecimento das relações sociais, de pensar em conjunto o jogo e o risco.

Um modelo cultural

Cada tipo de sociedade tem uma imagem de sua capacidade de criação. Quando sua ação sobre si mesma é fraca, ela concebe sua criatividade como exterior ao mundo humano, eleva-a a um mundo superior do qual o homem tombou e ao qual ele procura voltar. Já que a ação da sociedade sobre si prossegue seu curso com a sociedade mercantilista, sua imagem da criatividade passa, naturalmente, para um plano jurídico e político: é a imagem da razão que se opõe à da paixão. Daí a importância extrema dada à educação pelo período clássico, enquanto que o tipo anterior de sociedade propunha comportamentos de renúncia e conformismo. Na sociedade industrial, o modelo cultural opõe o progresso criador à natureza que deve ser conquistada e violentada; daí a ética do trabalho e da energia. Esses modelos se manifestam em todas as formas de comportamento morais, em particular sexuais. Depois da castidade e da aprendizagem dos jogos e dos códigos de amor, vem a paixão conquistadora, ainda mais masculinizada que os modelos anteriores, de tal forma a sociedade industrial repousa sobre uma forte oposição masculino-feminino, ligada à oposição trabalho e natureza, produção e reprodução. Na sociedade programada, finalmente, o modelo cultural não apela mais a um ideal supra-humano, que dá origem a regras morais que podem valorizar o poder ou o prazer, mas também a criatividade e a relação com o outro.

O longo período de prosperidade do qual acabamos de sair permitiu que a sociedade programada se formasse sem ruptura. Pois, embora os conflitos sociais dela decorrentes tivessem tido, durante os últimos decênios, uma importância dramática, a inovação cultural foi mais ativa. Foram introduzidos, com grande rapidez e fracas resistências, um novo modelo de conhecimento e um novo modelo cultural. Tanto as idéias morais quanto a representação do mundo e da sociedade se transformaram bem mais rápido que as lutas sociais e suas expressões políticas. Esse é um traço próprio das sociedades dominantes fora dos períodos de crise, o que explica seu clima de liberalismo e permissividade. Ao contrário, quando um novo tipo de sociedade é introduzido em uma sociedade dependente ou em crise, mais pela vontade do Estado do que pela transformação da economia e da cultura, sua união é marcada por grandes conflitos sociais e políticos.

A França, a Alemanha, os Estados Unidos do último quarto de século e sobretudo dos anos 1965-1975, antes da tomada de consciência da mudança de situação econômica, conheceram uma efetiva associação da inovação cultural e da contestação social. A nova esquerda foi ao mesmo tempo próoperária e feminista, e os estudantes de 68 uniram a luta antitecnocrática à negação de um modelo de ensino e de moralidade, o que deixou em uma situação desconfortável as forças políticas ligadas aos problemas da sociedade industrial. Foram, entre outros, os leitores do *Nouvel Observateur*, executivos e intelectuais modernizadores e de esquerda que levaram adiante mudanças às quais as publicações oficiais de esquerda lentamente se adaptaram. Essa situação não caracteriza de nenhuma forma o conjunto da sociedade programada, mas somente um modo e um momento específico de entrada nessa sociedade. É plausível que, numa situação de crise econômica, a modernização cultural perca seu papel motor e torne-se elitista ou conservadora, ou, ao contrário, reconheça a prioridade de novas lutas sociais e políticas, sem, entretanto, voltar a uma ética produtivista do trabalho.

As relações de dominação

Conhecimento, investimento e modelo cultural são constantemente dominados pela classe dirigente e utilizados em função de seus interesses. É necessário, portanto, que apareçam logo as relações de dominação e os conflitos sociais próprios à sociedade programada. A sociedade industrial assistiu à constituição da grande empresa, da corporação *à* americana, como seu principal ator econômico. Essa tendência é ainda maior na sociedade programada, mas nela a lógica da ação da grande empresa é comandada pela vontade de reforçar seu próprio poderio. A contrapartida do caráter limitado da organização do trabalho na indústria não era somente reconhecer a existência, para além das relações sociais, das forças de produção; era, também, e mais concretamente, a subordinação da empresa, espaço das principais relações sociais, àquilo que controla as forças de produção, pertença ele ao mercado ou ao governo. Ao contrário, na sociedade programada, a empresa não reconhece nada acima dela; ela é senhora de suas decisões e deve somente se adaptar a um meio cada vez mais mutante. Torna-se assim uma instituição política. Essas unidades de política econômica, voltadas a um mercado, dependendo diretamente do Estado ou mesmo situando-se em uma posição intermediária, elaboram sua política em vez de se contentarem em escolher os meios correspondentes aos fins determinados por gerências políticas. Essa capacidade política é reforçada pelo peso crescente dos problemas internos de gestão. Uma empresa, uma universidade, um hospital, uma organização militar ou paramilitar possuem um sistema político interno tão complexo quanto o de um governo. As lutas entre departamentos, clãs e indivíduos determinam efetivamente a política da organização. John Galbraith mostrou que uma das finalidades fundamentais das grandes organizações era a de garantir a segurança de seus executivos, que formam sua tecno-estrutura, seu aparelho.

O governo das grandes organizações é a tecnocracia. É impossível não empregarmos esse termo; mas é preciso, em primeiro lugar, afastar as interpretações que sempre lhe foram dadas e que a tornaram mais perigosa do que útil. A tecnocracia não significa poder dos técnicos. O que estes fazem é somente pôr os meios em andamento. Ora, não existem ação coletiva e sistema de decisão sem finalidade. Os técnicos jamais governam. Quando parecem reinar, é sinal de que a organização não tem mais finalidade e se reduziu a uma burocracia. Ou, então, como na França da IV e da V Repúblicas, os administradores tornam-se homens políticos e são guiados para fins políticos e não técnicos. Na sociedade programada, as organizações produzem seus fins, e seus dirigentes são, na verdade, o contrário dos técnicos.

Na França, fala-se constantemente dos tecnocratas para designar os dirigentes da política econômica do Estado. O que não é falso mas confunde perigosamente o reino das organizações e de seus aparelhos com uma forma específica de seu desenvolvimento, onde o papel central é desempenhado por um Estado apoiado em uma efetiva competência técnica. Igualmente distanciada dos países dirigidos por um Estado-partido e dos países capitalistas centrais, como os Estados Unidos ou o Japão, a França experimenta hoje um capitalismo que, para preencher suas necessidades, forma uma elite dirigente: os grandes quadros recrutados entre os melhores alunos desta ou daquela escola ou da ENA,* que constituem uma elite dirigente tecnocrática, mas em condições muito particulares: as do capitalismo de Estado. Seria falso, tanto nesse caso como em qualquer outro, identificar um corpo, um grupo de pessoas com o poder. O engenheiro do Ministério das Minas e o inspetor do Ministério das Finanças podem não passar de especialistas ou funcionários até transformarem-se em homens políticos, giscardianos ou socialistas. O importante é o poderio — e não o recrutamento — dos aparelhos dirigentes das grandes organizações. Há um grande parentesco entre todos esses aparelhos, pertençam eles a uma grande empresa capitalista, a uma empresa de Estado ou a uma organização militar, ou até a um centro de pesquisas. Eles não têm todos as mesmas finalidades, mas a capacidade e a responsabilidade de escolhê-las, de esperá-las e modificá-las. Todos devem gerir sistemas políticos internos, redes de influência, e se preocupar com suas relações com o poder de Estado e com os assalariados submetidos à sua autoridade.

O organizador, o engenheiro são figuras centrais da sociedade industrial, seja ela capitalista ou socialista, mas permanecem como figuras subordinadas aos financistas e aos dirigentes de partido. O tecnocrata é a figura central da sociedade programada e não está mais subordinado a quem quer que seja, ao menos em nosso tipo político de sociedade. Pelo contrário, o governo torna-se cada vez mais um sistema político que negocia os pedidos dos diversos grupos enquanto o Estado propriamente dito é absorvido pelos problemas da economia internacional, bem como pelos problemas da paz e da guerra. Os aparelhos dirigentes das grandes organizações são os agentes principais da dominação social, mas eles não dirigem o Estado. A comunhão de seu papel, em diversos tipos de sociedade programada, não suprime de modo nenhum as

---

* École Nationale dAdministration (Escola Nacional de Administração). (N.T.)

diferenças fundamentais que opõem as formas capitalistas e não-capitalistas de entrar em uma sociedade programada. A tese da convergência dos Estados Unidos e da União Soviética é falsa, antes de tudo porque confunde duas ordens de realidade que é preciso, ao contrário, distinguir. Os Estados Unidos e a União Soviética foram igualmente tayloristas e fordistas, sem no entanto se aproximarem, no tempo de Lenin e dos *roaring twenties*. A tecnocracia se desenvolve nos dois países, aproximando os dirigentes das grandes empresas semelhantes, mas isso não significa, de nenhum modo, que o país de Carter e o de Brejnev se pareçam cada vez mais. Os regimes permanecem distanciados um do outro, enquanto que os modos de produção dominantes se aproximam.

A dominação tecnocrática leva a uma transformação da estratificação social, que deverá traduzir-se, um dia, por uma modificação das categorias de descrição da população ativa. Na sociedade industrial, o que melhor define um indivíduo é sua categoria sócio-profissional, que mistura seu tipo de atividade e sua relação com a propriedade ou com a direção das empresas. Simplificando, distinguem-se operários, empregados, executivos, empresários e comerciantes.

Na sociedade programada, não é o estatuto profissional que determina, mas a relação com a organização e sua administração. A distinção entre empregados e operários perdeu o sentido. Seria melhor distinguir os tecnocratas, que participam da definição das finalidades da organização; os burocratas, que escolhem, controlam e impõem os meios para atingi-las; o conjunto dos operadores, que não participam da escolha nem das finalidades nem dos meios, mas pertencem à organização, dividindo sua sorte, constantemente protegidos por seu poderio; os auxiliares, que não são protegidos por um estatuto da empresa, incluindo-se aí, em particular, os trabalhadores temporários e os assalariados das empresas empreiteiras; e, finalmente, os especialistas, que se definem por pertencerem não a uma empresa, mas a uma profissão que ostenta uma competência socialmente reconhecida.

A importância primordial que se dá ao fato de se pertencer a uma organização prepara-nos para compreender a natureza dos conflitos e dos movimentos sociais que são próprios à sociedade programada. Mas é preciso antes definir a natureza da dominação exercida pelos sistemas sobre o conjunto da sociedade. Eles produzem mais modelos de comportamento que bens, mais cultura que máquinas: eis aí o essencial. A empresa de sistemas é de tal forma impressionante que se desenvolve quase simultaneamente em todos os domínios da vida social: saúde, informação, educação, pesquisa e experimentação tecnológica, análise econômica etc. Os bens, com a industrialização, ficaram submetidos à tecnologia e ao lucro ou então à vontade política. Agora, são os serviços que deixam de ser geridos por profissões definidas pela competência, pela responsabilidade moral e pelo corporativismo. O círculo do poder se alarga e somos bruscamente cegados por luzes que se acendem em todos os cantos. A penumbra sob a qual se abrigavam os padres desapareceu há muito tempo. A que protege o médico, o educador, o trabalhador social, o jornalista irá também desaparecer, substituída pelas frias luzes da tecnocracia?

A forma mais visível de dominação dos sistemas é a preocupação do poder em emitir mensagens e a redução do público a uma massa de consumidores espectadores. As decisões são tão complexas, levam a um futuro tão longínquo, são tomadas a tanta distância de cada um de nós que não cogitamos mais poder influenciá-las. Mas a novidade principal é que a nova classe dirigente, a tecnocracia, produz a demanda de consumo e a adequa à oferta, que ela mesmo controla. A informação é o exemplo mais claro disso. Os tecnocratas seguem repetindo que os bens que inventam respondem a necessidades enormes, mas na prática vêem-se os governos japonês e francês gastando somas consideráveis para criar a demanda, dotando, gratuitamente, cidades ou bairros inteiros de equipamentos informáticos. O relatório Jacudi, japonês, considerado por Philippe Lemoine como um dos principais textos ideológicos da tecnocracia informática, atribui, como principal função do ensino computadorizado, a criação de crianças *computer-minded*, custando, cada uma, 15 mil francos. Quando a oferta produz a demanda correspondente é possível falar-se, sem mentir, de resposta às necessidades? A produção de tantas técnicas e novos produtos desenvolvidos ao curso de longos anos, no interior de laboratórios, centros de estudos e empresas, não derruba a tão decantada noção de necessidade?

Como falar de necessidades naturais ou fundamentais quando o espaço e o tempo em que vivemos são construídos por agências de produção e de dominação social? E quando a única resposta que podemos dar a essa dominação é não se voltar para o que é mais pessoal e mais natural, mas contra-atacar para destruir essa dominação e submetê-la a um debate político e a um desejo de controle democrático? Essa dominação se exerce, sobretudo, impondo, além de sua oferta, uma ideologia certa para garantir a estabilidade de seu poder: a ideologia do normativo. Vivemos em uma rede de normas, de malhas cada vez mais finas. Mesmo que essas normas sejam menos peremptórias que antes, e passem por constantes reavaliações, não podemos esquecer o essencial: domínios cada vez mais vastos de nosso comportamento são regrados por códigos normativos e a sanção da norma está cada vez mais interiorizada. Jacques Attali mostrou, no domínio da saúde, a importância crescente dos aparelhos de detecção, de controle e autocontrole e generalizou:

A política econômica não reside mais, agora, na gestão dos grandes equipamentos coletivos nem na manipulação de grandes aglomerados, mas na produção explícita de normas de comportamento de todos os agentes econômicos, regulados pela variação dos prêmios de seguro ou multas (1979, p. 257).

Estamos habituados a criticar as relações de produção e opô-las às forças produtivas. As máquinas, a informação, a mudança eram em si valores positivos: a cultura estava acima da sociedade. E eis que esta confiança em um mundo superior ao das relações sociais desmorona. Não há mais fuga nem refúgio possível. O poder está em toda parte, e não escaparemos dele apelando aos deuses, ao Homem ou à História. Só podemos contar com nossas próprias forças, com nosso desejo de liberdade e com os movimentos sociais por ele estimulados.

Surgem novas relações de dominação e ao mesmo tempo um novo campo cultural. A sociedade programada não emerge do nada; ela nasce da estratégia de uma classe dirigente que procura novos lucros e uma saída para a crise, que marca o esgotamento da sociedade industrial. Se a análise sociológica deve começar por definir a cultura pós-industrial, a observação histórica lembra que, nas sociedades "centrais" que produzem suas próprias mudanças, ao invés de recebê-las de fora, a nova cultura e as novas formas de produção e de organização social estão submetidas à lógica da elite dirigente, que permanece, em sua maioria, em nossos países, como a classe capitalista. Daí o atraso das forças de oposição que subestimam, perigosamente, as iniciativas de seus adversários, sem perceber que eles já não são os mesmos. Os partidários da contracultura enganam-se ao denunciar só a tecnologia ou a cultura de massa. Não percebem que as lutas de classe, longe de estar ultrapassadas por novos conflitos, assumem uma nova forma. É preciso compreender e ao mesmo tempo acelerar o movimento, através do qual se constituirão as novas forças de oposição social e política, os novos movimentos sociais, como sempre tardios e em pequeno número.

6. NOVOS MOVIMENTOS SOCIAIS

Que agente coletivo pode ocupar, numa sociedade programada, o lugar que pertenceu ao movimento operário na sociedade industrial? Para além da multiplicidade de conflitos e iniciativas em que se misturam inovações culturais (respostas ao modo de mudança histórica), reivindicações e pressões políticas, onde é que se vê formar esse conflito central: o ataque contra o poder tecnocrático dos grandes órgãos de administração que impõem a toda a sociedade um modo de vida e de mudança social? Poderíamos ir direto ao alvo, nomeando tal agente central. Seria queimar etapas. A análise não pode ser resumida, ela tem de seguir a lenta, difícil e parcial formação de um movimento social e a maneira como ele se constitui, através de lutas mais localizadas ou que tenham outros significados, da mesma forma como se constituiu o movimento operário — através de greves, de lutas políticas, da criação de cooperativas, de debates de idéias.

Nesse estádio intermediário, em que a sociedade industrial se desagrega e se forma a sociedade programada, já mostramos a decomposição do movimento operário que deixa de ser um movimento social para tornar-se uma força política e até mesmo, em alguns casos e particularmente nos países comunistas, incorporar-se ao poder do Estado. Já fizemos também o reconhecimento da crise dos valores da sociedade industrial e seguimos o movimento de idéias que separou das relações econômicas o poder ao qual estava incorporado. Enfim, detivemo-nos na desafeição que hoje faz as organizações políticas parecerem tão vazias quanto estações que atravessamos com olhar alheado. A primeira parte deste livro levou-nos até esse ponto.

Agora, antes de acompanhar a formação de um novo movimento social, temos de verificar as novas formas de miséria que nossa sociedade produz. É bem verdade que a pobreza, o desarraigamento, a solidão, a dependência a chefes, a repressão sofrida e o silêncio forçado formam um imenso caudal de sofrimento e de infelicidade que atravessa a história e que faz dos oprimidos de hoje irmãos dos oprimidos de ontem. O pós-socialismo prolonga o socialismo como este havia prolongado as lutas civis que o precederam, porque a miséria do artesão, submisso ao mercador e ao juiz, a miséria do operário, esmagado pelo patrão e pelo exército, a miséria do colonizado, privado de suas terras e de sua cultura, a miséria do consumidor de produtos e de programas elaborados por organizações que criam suas necessidades, são as mesmas — é a miséria da dependência. Tendo chegado à metade de seu caminho, este livro, extremamente crítico em relação ao modelo socialista ultrapassado, deve testemunhar sua fidelidade, sua solidariedade em relação aos combates e às esperanças dos socialistas, militantes sindicais ou políticos, ainda que sua ação os tenha conduzido para longe, e às vezes para muito longe, das revoltas e das reivindicações operárias. Quem se sentisse liberado de qualquer vínculo em relação ao movimento operário, dificilmente seria solidário aos novos movimentos sociais. Tal como o movimento operário que se pretendeu herdeiro da Revolução Francesa, devemos hoje respeitar as lutas operárias, passadas e presentes, próximas ou longínquas, e as idéias ou iniciativas daqueles que quiseram defendê-las.

A força do socialismo foi a de ter sido construído sobre o sofrimento dos homens; tal será também a força do movimento que continuará e transformará a ação do movimento socialista. Como definir, hoje, a infelicidade? Pelo vazio interior e pela inquietação exterior. O vazio de quem não tem mais identidade pessoal e coletiva, que não é senão um alvo para os empreendimentos comerciais, políticos ou administrativos; a inquietação de todos estes sinais: ordens que proíbem a iniciativa, informações desvinculadas de qualquer comunicação. O trabalho torna-se, freqüentemente, mais indiferente e impessoal do que penoso, mais vazio do que esgotante, e sentimos que, de ora em diante, fazemos a engrenagem rodar com mais eficácia, não em nossas atividades profissionais, mas em nossas atividades mais pessoais, em nosso lazer, no cuidado que tomamos com nossa saúde. Para quem? Para quê? Os centros de decisão estão cada vez mais distantes; as relações sociais rompem-se uma a uma; os adversários não estão mais sequer ao alcance de nossa voz. Corremos o risco de afundar numa vida infra-social, hiperestimulada, incessantemente modernizada, manipulada, privada de sentimentos e de iniciativa, saturada de sexualidade e desprovida de amor, desperdiçando mercadorias e triste. Ver nesse quadro estados de espírito de uma classe média à deriva é esconder-se atrás das palavras. De agora em diante, a nova forma da infelicidade provoca inquietação, resistência e esforço de liberação.

Passemos agora para o outro lado, com aqueles que protestam e contestam; sigamos a formação de um novo movimento social, através do sofrimento, da recusa dos valores industriais e da procura de uma nova maneira de viver. A formação de um movimento social a partir das reações e das lutas que lhe dão origem, mas que ele deve superar, opera-se em três principais domínios: o movimento das mulheres, os movimentos regionais e o movimento antinuclear.

Do feminismo ao movimento das mulheres

O protesto das mulheres conturba a cena política, introduzindo nela problemas da personalidade, a começar pelos problemas da sexualidade. Tal protesto luta contra a imagem que o homem tem da mulher: aquela que dá à luz e educa os filhos, que agrada e nutre o homem, que lhe prega seus botões e o consola, seduz e satisfaz. As amarras que as mulheres querem romper são tão fortes, estão de tal forma marcadas em suas personalidades e nas dos homens, que sua ação desponta como provocadora. Algumas reivindicam essa agressividade maléfica, nomeando-se a si mesmas feiticeiras. Ruptura inicial, fechamento num mundo de mulheres, numa homossexualidade comunitária, à procura de uma palavra, de um inconsciente, de um corpo de mulher. Tal atitude afasta de vez os discursos moralizadores sobre a ação coletiva e a solidariedade; lembra as formas de ação descritas por Eric Hobsbawn em *Rebeldes primitivos* ou em *Os bandidos*.

A ação das mulheres inicialmente é radical, feita mais de recusas do que de afirmações, mais de separação do que de participação. A partir dessa experiência primeira, vivida individualmente e por pequenos grupos, esse protesto toma duas formas diferentes e até mesmo opostas.

A primeira é a reivindicação de liberdade e igualdade para as mulheres. As *suffragettes** reivindicaram o direito de voto; as sindicalistas lutaram pela igualdade de salários e de oportunidades profissionais para mulheres e homens; hoje, essa mobilização se estende a todos os domínios da atividade social. Tal mobilização define o feminismo. A segunda não procura defender os direitos das mulheres, mas incitá-las contra o sistema de dominação que produziu a mulher como ser dependente e o homem como agente de dominação. É preciso dar-lhe um nome: movimento das mulheres. A ação operária, constante e igualmente, preocupou-se com reivindicações sindicais em defesa dos salários e do emprego ou pelos direitos dos operários, ao mesmo tempo que se tornava o movimento operário, questionando a dominação dos industriais capitalistas.

A longa campanha pelo direito à contracepção, conduzida por muitas das organizações e, principalmente, pelo Movimento Francês para o Planejamento Familiar, apressou uma difícil transformação das idéias e dos costumes, destruindo em sua passagem barreiras e silêncios. Ainda que muitos dos protagonistas dessa ação nela se tenham engajado com outros objetivos, foi uma ação primordialmente modernizadora que

---

* Designação dada às militantes inglesas que lutavam pelo direito de votar. (N.T.)

opôs, de maneira clássica, os defensores das Luzes aos da tradição, os defensores do livre-arbítrio aos das leis de Deus ou da natureza. A franco-maçonaria nela desempenhou importante papel e a Igreja católica surgiu como a principal força de resistência à mudança da lei e dos costumes. As sucessivas campanhas pelo direito ao aborto seguiram, muitas vezes, a mesma inspiração. O tema da marcha das mulheres do dia 6 de outubro de 1979 — *Um filho, se eu quiser e quando quiser* — é um tema liberal, no sentido econômico do termo: suprimir os obstáculos ao livre-arbítrio, permitir a cada uma das mulheres agir segundo objetivos traçados por si mesma, parar de se submeter aos imperativos de uma lei, não importando de onde venha essa lei, nem a quais princípios ela recorra. O sucesso dessas campanhas levou as francesas, em poucos anos, a práticas contraceptivas comparáveis àquelas em uso nos países anglo-saxões e que não conheceram tão longa e difícil oposição; ele mostrou que, ao invés de terem introduzido novas orientações culturais, essas práticas suprimiram alguns obstáculos sociais e culturais, ou melhor, que essas novas orientações permaneciam socialmente indeterminadas, suscetíveis de serem interpretadas com os mais diversos significados; trata-se, pois, com isso, mais de uma mudança de um antigo regime do que de um movimento social.

A extensão do universo mercantil e sua penetração na intimidade familiar contribuíram para que as mulheres participassem cada vez mais da vida pública, sobretudo no mercado de emprego. Após ter permanecido estável durante muito tempo, a população das mulheres entre 18 e 50 anos, que exercem um trabalho remunerado, aumentou sensivelmente. Agora, elas exigem oportunidades iguais de acesso a empregos de nível elevado e fim da separação entre profissões masculinas e femininas, sendo que as últimas são, em geral, inferiorizadas. Exigem também, como condição de igualdade verdadeira, o fim da sua relegação aos trabalhos de manutenção da casa, à educação dos filhos e aos serviços pessoais. Essas reivindicações de liberdade e de igualdade constituem uma ideologia feminista moderada, mesmo quando defendida com paixão, e que se adapta perfeitamente às necessidades da produção comercial. Essa ação das mulheres pode até ter efeitos ainda mais distanciados dos objetivos da ideologia feminista. Dominique Wolton denunciou, em conclusão a seu estudo sobre o Movimento Francês de Planejamento Familiar, o crescimento do poder dos médicos, psicólogos e sociólogos. Talvez este seja um julgamento muito rígido, mas que, na verdade, analisa a crise que o MFPF atravessou, ocasionando a demissão de sua equipe coordenadora, cuja orientação era essencialmente médica, e sua substituição pela equipe de Simone Iff, mais próxima a temas genéricos de contestação social.

A invasão da vida privada pelas agências produtoras de normas pode transformar uma condição feminina, definida pela exclusão e inferiorização, em um mercado feminino. Não é por acaso que a liberação das mulheres e a pornografia se desenvolveram concomitantemente e que grupos mais radicais tenham dirigido violentas campanhas contra esse leiloamento público do corpo feminino. Um mundo certamente dominado, porém protegido, bruscamente se abriu, tal como um país onde desembarcam colonizadores: o liberalismo moderado exalta a extensão do progresso e da civilização, mas algumas pessoas denunciam as ideologias e os efeitos dessa conquista. No caso da sexualidade, o esfacelamento da tradição e dos preconceitos pode até mesmo transformar a mulher em um simples corpo, em mercadoria. Isto é o que define a pornografia. Esses novos mercadores transformam o homem, por sua vez, em produtor de prazer. Da mesma maneira como os conselheiros financeiros lhe ensinavam como conseguir o melhor rendimento para suas ações, os sexólogos o ajudam a ter melhores orgasmos e a melhor satisfazer suas parceiras. A destruição da cultura tradicional reforça o poder dos mestres da economia, tornando a exortação feminista pela liberdade e igualdade das mulheres tão ambígua quanto as dos deputados do Terceiro Estado durante a Revolução. Vemos até mesmo formar-se uma burguesia feminista que amplia suas próprias vantagens e privilégios e que, em nome da liberdade, apela por medidas repressivas contra os que não respeitam as novas normas. Outras feministas pretendem-se revolucionárias, ao se identificarem com as lutas operárias e com o socialismo. Denunciam seu papel de reprodução gratuita da força de trabalho que se lhes fazem desempenhar e declaram-se vítimas de uma dupla exploração. Mas essa tentativa de expressar os novos problemas com a ajuda de antigos discursos limita a contestação das mulheres, reduzindo-a à reivindicação de um salário-maternidade e de um conjunto de medidas econômicas que esbarram em obstáculos culturais que o feminismo não consegue analisar.

O feminismo acompanha mudanças sociais de capital importância, mas não é, em si mesmo, um movimento social. Produz-se pelas mudanças advindas na economia e pelas descobertas científicas que desembocaram na invenção e difusão da pílula. As barreiras que protegiam e, sobretudo, enclausuravam a condição feminina, são derrubadas como o foram, antes delas, aquelas que envolviam comunidades locais, profissões, "estados" ou castas; é uma abertura a que se pode chamar de progresso, mas que não é em si mesma boa ou ruim, já que somente acarreta uma ampliação do campo da vida social. Traz grandes esperanças à maioria das mulheres e também permite a algumas conquistar uma posição de chefia, tal como o liberalismo econômico havia permitido à burguesia enriquecer-se. É por esta razão que o feminismo é importante, mas não constitui um movimento das mulheres. É preciso distinguir os efeitos sociais e culturais das mudanças científicas e econômicas, assim como as ações que merecem o nome de "movimento das mulheres". Tal movimento se constitui, para além dos limites e contradições do feminismo, como a luta contra uma relação de dominação e como a defesa daquilo que essa mesma dominação destrói. Essa dominação não se identifica, no chamado movimento das mulheres, com a tradição, como acontece no feminismo. Ao invés de salientar-se como uma longínqua herança, enfraquecendo-se pouco a pouco, ela é sentida como algo mais pesado. Quanto mais a condição feminina se desagrega em sua especificidade, mais a mulher tende a ser inferiorizada enquanto mulher e em sua própria sexualidade.

Nossa sociedade se divide, hierarquicamente, em mundo masculino — o do investimento — e mundo feminino — o do consumo. Grande parte dos avanços profissionais das mulheres foram passos à frente em direção à inferioridade em relação a um funcionário subalterno do setor terciário a quem fingimos confundir com o funcionário mais importante desse mesmo setor, identificando-as cada vez mais com o mundo supostamente moderno dos serviços, o mundo das organizações da administração programada. A ideologia do consumo e do prazer identifica a modernidade com a mulher estimulada e adulada pelo poder masculino. O movimento das mulheres, ao contrário, fala politicamente a linguagem da sexualidade, como em *Sex politics,* de Kate Millet, porque se opõe a uma dependência que está na raiz da cultura, da mesma forma que o movimento operário combatia uma dependência econômica e o movimento republicano ou democrático das sociedades mercantis, uma dependência jurídica e política. No movimento das mulheres, a dificuldade está na maior distância existente entre o discurso denunciador e a ação política, já que é a experiência pessoal vivida que deve transformar-se em estratégia coletiva. Daí o freqüente isolamento das criadoras de linguagens, a separação entre interpretação e prática e, por conseguinte, a arbitrariedade nas interpretações com relação às práticas em massa — contracepção, aborto — para as quais a modernização liberal dá uma explicação. Em contrapartida, essas comunidades e grupos podem ser locais para a elaboração de um movimento social por meio do qual as mulheres querem transformar o conjunto da sociedade. Para tal, supõe-se que reassumam, voluntariamente e em seu próprio risco, a condição feminina, definida por sua inferiorização, e a transformem em contestação: sentimento contra razão, vida contra máquina, diálogo contra poder. Perigoso movimento que pode cair num neoconservadorismo, mas que adquire outra ressonância quando se ouvem, como o fez Simone Novaes, mulheres grávidas que se vão submeter a um aborto. Muitas delas usam normalmente modernos contraceptivos; aos psicólogos dos Serviços de Proteção Materna e Infantil, a gravidez dessas mulheres aparece como um apelo ao relacionamento com o filho e com o homem, apelo esse que será freqüentemente coibido pela intervenção do homem, que a empurra ao aborto, e mais freqüentemente ainda pelas pressões de uma sociedade que se opõe à existência da criança, impondo aos homens e mulheres o reinado da mercadoria. Mal vemos terminar a batalha pela liberdade de contracepção e de aborto, descobrimos a importância, completamente diferente, da luta por filhos. Sabemos que as mulheres têm claramente menos filhos do que o desejam, sentindo-se muitas vezes privadas dessa relação fundamental. Muitos homens, por sua vez, sentem que o movimento das mulheres pode liberá-los do modelo industrial e militar de virilidade.

O movimento das mulheres, tal como o de qualquer categoria dominada, vai até o fim de si mesmo quando luta por recriar relações cuja norma fora instaurada pela dominação. O movimento das mulheres, que começa por uma ruptura com o homem, pela agressividade em relação aos portadores mais ou menos perplexos da virilidade, conduz a uma luta geral pelo direito à relação com o outro. Nesse caso, estamos muito longe da modernização liberal que procura apagar as marcas de uma longa tradição e simplesmente dar às mulheres oportunidades iguais às dos homens. Esse aspecto faz ressaltar a grande diferença que distingue o feminismo do movimento das mulheres e faz deste um importante elemento de um movimento social mais amplo que contesta o poder da tecnocracia. Sua fragilidade continua sendo apontar o homem como o adversário, ou seja, em termos que não definem a natureza social da relação de dominação. O movimento operário não atacava apenas os ricos, mas a relação de dominação exercida sobre os trabalhadores pela organização industrial do trabalho e pelos donos dessa organização. Se o movimento das mulheres é fraco, ficando mais freqüentemente na condição de uma interpretação crítica do feminismo e de suas campanhas de massa do que na criação de práticas próprias, é porque é impossível confundir-se um movimento cultural com um movimento social, mesmo numa sociedade em que a dominação social se exerce tanto no campo dos procedimentos culturais quanto no dos procedimentos econômicos. Um movimento cultural luta, antes de mais nada, pela transformação dos valores; um movimento social só pode combater seu adversário e dividir com ele orientações cujo controle social é o escopo de seu combate. É por isso que todo movimento cultural, em qualquer momento que aconteça, surge sempre como uma precondição para a formação de um movimento social.

O país contra o Estado

A distância que separa movimento cultural e movimento social é tão grande que não se pode percorrê-la de uma só vez. Entre os dois colocam-se lutas, tanto sociais quanto culturais, que combatem a mudança social em nome da identidade cultural. É isso que define a atitude populista através da qual uma população procura transformar-se, conservando sua identidade; procura tornar-se outra, continuando a mesma. Os populistas combateram tanto o capitalismo, que impõe ruptura e desarraigamento, quanto o socialismo estatal, que aceita sacrificar uma geração, alegando que o Estado deve criar novas forças de produção antes que se possam formar as forças sociais que lutarão por sua utilização democrática. Em muitos continentes, tais populistas prepararam os movimentos sociais que invocam mais diretamente a luta de classes. Em nome de um povo silencioso, reprimido e imerso na servidão, na Rússia ou na América Latina, falaram os intelectuais da classe média que se valiam das formas de organização social e cultural tradicionais como base para a construção da sociedade vindoura. Mais tarde, camponeses ou operários, organizados por si mesmos ou por revolucionários profissionais, intervieram mais diretamente, e os populistas perderam sua importância, exceto nos casos em que superaram a ação sindical e a política de massa, como ocorreu freqüentemente na 'América Latina.

Essa vontade de escapar da crise e da decomposição, de construir seu futuro reencontrando seu passado, estimula os movimentos regionais e nacionais. Todos se opõem ao tradicionalismo e ao folclore que divertem ricos em férias. Todos se pretendem modernizadores e procuram, no renascimento de sua língua ou na independência, uma forma de criar uma vontade coletiva de progresso, capaz de construir uma sociedade diferente, fiel a seu passado, porém aberta a aspirações mais novas. Outrora, sobretudo na Bretanha, mas também na Provença dos felibres, o regionalismo era conservador e, na verdade, reacionário. Bruscamente, ei-lo contestador, violento ou revolucionário: é preciso avaliar as dimensões dessa reviravolta. Durante muito tempo, a esquerda invocou a liberação em relação às tradições, aos particularismos, ao poder dos notáveis, aos dialetos. A luz da razão devia banir as trevas dos preconceitos e das crenças irracionais; a civilização devia substituir a selvageria primitiva. A esquerda era, em sentido estrito, progressista, em luta contra uma direita que defendia tradições e crenças. A escola da República ensinava as crianças a preferirem o geral ao particular e a respeitar o universal; ajudava-as a ultrapassar os limitados horizontes entre os quais tinham crescido e a dirigir-se para a cidade grande e para o serviço do Estado, de suas leis e de seus princípios imortais. As grandes potências colonizadoras, França e Inglaterra principalmente, identificavam-se com valores universais, as liberdades e a razão. A França herdara da Revolução Francesa e dos Napoleões uma imagem de protetora do centro e do leste da Europa. Defendera a Polônia, ajudara a Itália e defendera os servos. A Revolução Francesa concedera aos judeus os direitos de todos os cidadãos e a Lei Crémieux, no início da III República, estendera esses mesmos direitos aos cidadãos da Argélia. Ernest Denis, historiador e defensor dos tchecos, declarava que a França considerava um favor pessoal qualquer serviço prestado à causa da liberdade. Não podemos nos contentar em opor a essa auto-satisfação a realidade da opressão colonial e da destruição das culturas regionais e nacionais submetidas à dominação do Estado francês: a idéia de República esteve para muitos carregada de intenções generosas; os defensores da laicidade ou os *dreyfusards** lutaram sinceramente por ela. Mas bruscamente os valores se invertem. O que era dialeto, faz-se língua; o que era tradicionalismo, faz-se identidade. O nacionalismo, valor supremo da direita, torna-se a bandeira dos movimentos dos Estados anticolonialistas. Harris e Sédouy, ao questionarem judeus franceses, descobrem nos mais integrados e até mesmo naqueles mais privilegiados que eles se sentem tão judeus quanto franceses e recusam-se a perder sua identidade judia e não mais identificam a França com um universal hoje sem função. Na Bretanha, na região de Pont-lAbbé,** Edgar Morin constata que as mulheres católicas incentivaram seus filhos a permanecerem no campo e a modernizarem a agricultura, enquanto que os professores

---

* Partidários de Dreyfus que, em geral, eram intelectuais, socialistas, radicais e republicanos moderados antimilitaristas (reunidos na *Liga dos Direitos do Homem*). (N.T.)

** No original, o autor, na verdade, empregou o substantivo *bigouden* em função de adjetivo. Esse termo designa um ornamento típico, empregado pelas mulheres da região de Pont-lAbbé para adornar suas cabeças. (N.T.)

primários e os educadores leigos e progressistas os desenraizavam e transformavam em funcionários parisienses. Mais genericamente, a criatividade era associada à concentração de recursos, quando hoje se diz que a diversidade produz a informação. Todos querem a diversidade, em vez de se fundirem num só conjunto cuja força dissimula um rendimento fraco e uma inadaptação à mudança. Por outro lado, nosso temor a um Estado devorador leva-nos a proteger a autonomia dos indivíduos e das coletividades, ao passo que, no início da modernidade, exaltávamos tudo o que parecesse levar a sociedade para além de si mesma e de seus limites tradicionais. Contra a ordem, era necessário apelar para o progresso; contra a mudança sofrida, faz-se necessário defender sua identidade.

O movimento que, partindo do Terceiro Mundo, defende a especificidade e os direitos culturais nacionais contra as pretensões universalistas da colonização, estende-se pelo mundo todo. Negros e índios americanos e mexicanos exigem dos ianques respeito à sua cultura. Bretões, bascos, alsacianos, flamengos e o enorme mundo occitânico recusam a destruição de suas línguas, de suas culturas e de sua capacidade de ação coletiva, imposta pelo que Robert Lafont, após Serge Mallet, chamou de colonialismo interno do Estado francês, tomando esta expressão emprestada aos sociólogos mexicanos. Será essa defesa da identidade apego nostálgico a formas de vida social já ultrapassadas? Ou, ao contrário, os que são dependentes não podem ter esperanças num futuro a não ser apoiando-se em seu passado? A resposta não é simples. Uma vez reconhecido o arcaísmo do Estado administrativo, centralizador e burocrático, que sufoca as iniciativas e destrói as especificidades culturais, podemos perguntar-nos se não é essa crise das nações que os movimentos regionais traduzem, em vez de manifestarem uma vontade e uma capacidade de mudança coletiva. Essa é a análise que Louis Quéré faz dos movimentos bretão e occitânico. Sua análise conclama por uma ampla resposta.

Todo agente social dominado se defende da dominação que sofre, recorrendo ao que lhe é peculiar. Uma região defende sua língua contra um Estado dominador, o operário defende seu emprego contra o industrial, a mulher se defende enquanto portadora de vida contra a dominação masculina.

Porém, essa ação defensiva torna-se renúncia e submissão ao patrão se não vier acompanhada de uma contra-ofensiva e de esforços pela reapropriação dos recursos culturais que o amo domina. Esse apelo à identidade é ambíguo, como o é qualquer ação defensiva; seu significado muda conforme se transforme ou não em contra-ofensiva. A defesa da identidade pode tornar-se narcisismo e impedir qualquer intervenção no domínio público; pode, ao contrário, combater o poder em nome da diversidade, criadora de informação. O essencial é a natureza da relação de dominação. No caso de uma relação social, como a do patrão e do operário, ou a do tecnocrata e do consumidor, o apelo à identidade é, na melhor das hipóteses, o primeiro momento, puramente defensivo, de um movimento social. Ao contrário, quando se trata da dominação de um Estado estrangeiro sobre uma coletividade nacional, o apelo à identidade torna-se poderoso se acompanhado de uma vontade de ruptura e de libertação nacional. Uma vez mais, é preciso distinguir e contrapor o que pertence às lutas de classes e o que pertence ao domínio do Estado e das lutas nacionais.

O apelo à identidade ocupa lugar central na história quando combate uma dominação estrangeira; é apenas um recuo cúmplice quando recusa expor o agente aos conflitos com o adversário. Essas idéias se aplicam diretamente às lutas empreendidas em algumas regiões contra um Estado central. Se essas lutas forem realmente regionais, o apelo à identidade torna-se perigoso e deve ser substituído, ou melhor, completado pela luta contra o poder centralizador em nome do desenvolvimento do conjunto do território. Nesse caso, a luta não se realiza em nome da identidade; ela se integra na luta das forças políticas e sindicais não regionais. Bretões ou occitânicos associam então seu movimento regional à ação da esquerda francesa, como o fizeram no tempo do Programa Comum. Mesmo hoje em dia são as confederações sindicais francesas que tomaram a iniciativa de preparar os Estados Gerais da Occitânia para que sua recusa do esvaziamento e da colonização cultural fosse ouvida. Mas essas lutas podem ser vivenciadas também como lutas nacionais: é mais o caso da Córsega e do País Basco do que da Occitânia, porém corresponde também a uma profunda tendência dos movimentos occitânico e bretão. Os nacionalistas não põem mais esperanças na luta por uma autonomia que comandaria uma política de desenvolvimento regional. Esses nacionalistas vivenciam o enfraquecimento de uma sociedade e de uma cultura cada vez mais esmagadas pelas forças econômicas vindas de fora — repatriados da África do Norte, no caso da Córsega — e privilegiadas pelo Estado. Sentem-se levados não para reivindicações, mas para uma ruptura e para a afirmação de uma identidade contra uma dominação exterior. Alguns, pequenos agricultores ou viticultores, ameaçados pelas variações dos preços e pelas manobras dos comerciantes, dependentes de um Estado ao mesmo tempo produtor e hostil, estão prontos para jogar sua última cartada contra uma política que os conduz, de acordo com sua opinião, à catástrofe.

A maioria desses movimentos hesitam em fazer uma escolha entre uma dessas orientações; querem um desenvolvimento regional autônomo, sem deixarem de ser movimentos de liberação nacional. Procuram então definir-se como nacionalitários,* como se seu objetivo fosse criar ou recriar uma nação e não um Estado. Essa expressão teve um significado nas regiões em que grandes civilizações não tinham expressão nacional, na Índia, após a dominação mongol, ou no mundo árabe ou mesmo nas etnias africanas divididas pelas fronteiras da colonização. Nas regiões do mundo onde se criaram e se desenvolveram os principais Estados nacionais, essa mesma expressão quase não tem significação. Ou esses movimentos se situam no contexto da luta política nacional ou devem aceitar o preço da ruptura. Acrescentemos aqui apenas que, se eles se transformam em movimentos de libertação nacional, não podem ser, ao mesmo tempo, movimentos sociais, mas devem, como todos os nacionalismos, afirmar e fazer respeitar a prioridade da luta nacional sobre as lutas sociais. Se, ao contrário, se definirem como movimentos de autonomia e de desenvolvimento regional, correm o risco de ser apenas um aliado secundário de movimentos organizados em escala mais ampla e que extraem sua força principalmente do

---

* O autor empregou, em francês, a expressão *nationalitaires* que, a nosso ver, é um neologismo. Portanto, houvemos por bem conservar o neologismo em português. (N.T.)

centro do território, mais industrializado. Nos dois casos, existe um importante risco de heteronomia e, em verdade, mesmo de asfixia dos movimentos sociais formados a partir de uma reivindicação regional. Dependência e fragilidade inevitáveis, já que o único movimento social central é o que se define por sua luta frente a frente com a classe dirigente.

Nem o movimento das mulheres, que combate uma mistura de tradições culturais e de dominação social, nem o das regiões ou nações, que luta contra uma mistura de ordem estatal e de dominação social, podem sustentar completamente o movimento social central e combater diretamente a nova classe dirigente. Mas tanto um quanto o outro são pilares sobre os quais esse mesmo movimento social central pode construir-se.

O movimento antitecnocrático

O ponto de partida da ação antinuclear é a crise dos valores industriais, a grande dúvida sobre os efeitos benéficos da ciência e da tecnologia, reforçado pelo medo de uma catástrofe e a angustiante lembrança da bomba de Hiroxima. Essa ação em si é inicialmente defensiva, conduzida por grupos locais, comunitários, que defendem seu território contra a instalação de um grande canteiro de obras, porque perturba a vida do lugar e pode criar riscos para seus habitantes. Após um primeiro período, em que a energia nuclear civil aparecia como "boa", em oposição à energia nuclear militar amaldiçoada, os projetos de implantação de centrais provocaram fortes reações locais; inicialmente, em Bugey e em Fessenheim, a seguir, na Bretanha, região de Nantes, em Cruas-Meysse e em outras localidades do vale do Ródano, etc. A ação mais importante foi dirigida contra o projeto de criação de uma usina nuclear em Malville, Isère. Na maior parte dos casos, a iniciativa de grupos locais foi ampliada, e também ultrapassada, com os militantes ecologistas vindos das cidades e freqüentemente se deslocando de um lugar para outro, da mesma forma como participavam também da defesa dos agricultores de Larzac* contra a ampliação da zona militar e das manifestações em Palente em apoio aos "Lip".**

O eco desses movimentos de defesa não deve nos fazer esquecer de que são frágeis; as tensões entre militantes locais e ecologistas são os sintomas dessa fragilidade. A reação, vigorosa no momento em que a implantação da central é anunciada, enfraquece-se, em geral, assim que termina sua construção. No dia 31 de julho de 1977, a grande manifestação de Malville, sem objetivo e sem uma clara organização, invadida por pequenos grupos que procuravam o confronto com a polícia, caiu na armadilha por esta preparada: um morto e graves feridos significaram o fim da escalada desses movimentos locais. A opinião pública que inicialmente estava passivamente favorável à indústria nuclear, pouco a pouco passou majoritariamente para o lado antinuclear. A derrota de Malville, o agravamento da crise do petróleo, as dificuldades econômicas e o apego do governo a seu programa nuclear fizeram recuar o sentimento antinuclear que hoje se tornou novamente minoritário. O grave acidente ocorrido nos Estados Unidos, no início de 1977, não acarretou nenhuma importante renovação a esses movimentos defensivos. Uma recusa cultural, combinada a uma difusa ideologia de defesa dos equilíbrios ecológicos, não pode sozinha criar um movimento social duradouro.

---

* Larzac (campo de): campo militar situado no planalto de mesmo nome, em Aveyron, a 900m de altitude, entre Millau e Lodène. Em 1971, o ministro da Defesa decidiu aumentar a superfície do campo de 2 900 ha para 17 000 ha, a fim de aí criar um grande espaço de manobras para teste de armas modernas. Essa decisão ensejou várias manifestações de diversos grupos avessos à ampliação do campo. No dia 3 de junho de 1981, o governo anunciou que a medida havia sido deixada de lado e que as terras já adquiridas pelo exército (cerca de 10 670 ha) seriam restituídas aos agricultores (Cf. *Grand Dictionnaire Encyclopédique Larousse*. Paris, Larousse, 1982). (N.T.)

** Em 1973, os operários da indústria relojoeira Lip, em Bésançon, ameaçados de desemprego por causa da falência da empresa, que vinha sendo administrada de maneira deplorável, ocuparam a fábrica, venderam o estoque de relógios para assegurarem seus salários e tentaram recolocar a fábrica em funcionamento. A luta desses operários durou mais de seis meses (de 12 de junho de 1973 a janeiro de 1974) e suscitou grande efervescência no país (PROST, A. *Petite histoire de la France au XX siècle*. Paris, Armand Colin, s.d. (Collection U). (N.T.)

Se o movimento antinuclear é importante, ele o é, na verdade, porque ultrapassou esse nível de ação limitada desde seu início. Herdeiro do Movimento de Maio, fez surgir, para além do catastrofismo, uma crítica mais profunda da tecnocracia. A conjunção dos ecologistas políticos, dos cientistas e dos sindicalistas transformou a luta contra a energia nuclear em um movimento contra o poder nuclear. Às vezes, de maneira limitada, como na Alsácia, onde um movimento regional, apoiado em uma forte participação local, questiona vários e enormes equipamentos que ameaçam a vida regional; às vezes, de maneira mais ampla, quando os argumentos técnicos e econômicos do governo, sua opção pelo "tudo-nuclear" passaram pelo crivo da crítica. Enquanto o tecnocrata fala em pressões, os antinucleares revelam os efeitos de um sistema de decisão, a influência dos nucleocratas na política energética e econômica. Numa primeira fase, o movimento denunciava as conseqüências sociais da indústria nuclear, acusando-a de provocar concentração do poder e dominação da tecnocracia. A ecologia política inverte a relação, faz parecer que foi a dominação tecnocrática que obrigou a escolher a política do "tudo-nuclear". Por que não se procurou intervir na oferta de outros tipos de energia, particularmente a solar, que se recolhe diretamente ou por intermédio da biomassa? Por que não se tentou intervir na procura de energia, lutando-se contra o desperdício e contra certo tipo de organização econômica? Diminuindo-se radicalmente as desigualdades, dizem em especial os sindicalistas, poder-se-ia mudar os modos de vida e criar um crescimento econômico associado a um crescimento zero do consumo de energia. Enfim, mais distanciados de uma atitude de defesa local, alguns militantes antinucleares atacam a hiperindustrialização nuclear como sendo contrária a uma verdadeira modernização que definem como a passagem de uma civilização da energia para uma civilização da informação. As pesquisas mostram aliás que é na categoria dos antinucleares ativos que se encontra uma maior proporção de doutores do ensino superior: tal atitude não repousa, pois, num temor ao conhecimento científico.

Dessa forma, instaura-se um movimento que designa seu adversário — os nucleocratas e a tecnocracia em geral — e que não luta com o futuro, mas por uma modernização que

ele associa a uma maior responsabilidade da população na condução da mudança. Assim, o movimento, que não pode existir sem seu componente defensivo, associa a esse componente
uma ação contra-ofensiva. Não devemos opor tão radicalmente
defesa de comunidades locais, ou medo da energia nuclear,
de um lado, e crítica antitecnocrática, de outro. Os dois componentes do movimento são igualmente necessários.

Entretanto, se a luta antinuclear define claramente seu
adversário, falta-lhe uma precisa definição de quem é que está defendendo. O sindicalismo fala em nome dos operários;
os movimentos urbanos defendiam habitantes de um bairro
ou de uma cidade que eram, no mais das vezes, também artesãos de uma dada profissão. Na sociedade programada, submissa ao poder dos tecnocratas, os dominados deixam de formar um grupo social real. Porém, não é necessário, por esse
motivo, deixar de falar em classes, pois, se não há mais classes reais, grupos bem definidos geográfica e culturalmente, é
porque as relações de classes comandam a realidade das classes. A classe popular não é mais definida por uma existência,
um modo de vida, mas apenas pela dominação que sofre e pela
ação voluntária que empreende contra si. Segundo Marx, o
próprio proletariado tinha um papel determinante exatamente pelo fato de ter sido privado de qualquer existência social
e cultural própria e ser definido apenas pela exploração sofrida. Mas essa comparação pode também ser inquietante. Uma
classe operária definida apenas por sua condição proletária
seria incapaz de criar um movimento social, podendo apenas
manifestar as contradições do capitalismo e deveria ser dirigida por um partido. A massa dos consumidores não seria mais
impotente ainda para organizar um movimento social? Tal fato
não daria à ação propriamente política uma supremacia ainda maior do que no tempo do movimento operário?

Esse questionamento constitui-se o centro dos atuais debates, tanto no movimento antinuclear como em torno dele.
Esse movimento, após a derrota de Malville em 1977 e seus
inexpressivos resultados nas eleições legislativas de 1978, conseguiu reerguer-se, no dia seguinte ao do acidente de Harris-
burg, estreitando sua aliança com o CFDT e obtendo o apoio
do partido socialista, dos radicais de esquerda, do PSU e de
movimentos de consumidores e de cientistas para o lançamento

de uma petição nacional que não apelava ao medo e tampouco a uma total recusa da energia nuclear, mas exigia um amplo debate nacional e regional que levasse a um plebiscito e pressupunha uma suspensão das obras ainda não começadas. Seria semelhante iniciativa um primeiro passo para uma intervenção propriamente política e eleitoral? Seria ela endossada pelos militantes antinucleares locais, mobilizados pela proximidade do perigo, porém mais hesitantes quanto a seu comprometimento numa campanha nacional de tipo clássico? Hoje, o principal problema não é saber se a ação social ficará submissa à ação política, mas se ela chegará a constituir-se antes que tenha uma certa expressão política.

Evidentemente é difícil constituir uma ação social independente e, ao mesmo tempo, com uma significação mais abrangente. Essa é a principal dificuldade com a qual se defronta a formação de movimentos sociais, tal como anteriormente a ignorância, o isolamento ou a repressão cultural e policial impediam a ação reivindicatória. Talvez seja uma ação política propriamente dita que permita à luta antinuclear evidenciar sua orientação geral, antitecnocrática, e ajude a passar de uma auto-afirmação para campanhas mais amplas, da mesma forma como o movimento operário só se desenvolveu ao lutar pela obtenção de direitos legais e contratuais e não apenas para reforçar a consciência de classe dos trabalhadores. É chegada a hora, para um movimento sobretudo ''expressivo'', de se traçarem objetivos mais ''instrumentais''. O movimento antinuclear, ao qual se pode dar o nome também de ecologia política para melhor fazer ressaltar sua amplitude, carrega consigo muitos temas comuns a outras lutas sociais. Está muito próximo de movimentos regionais, como, por exemplo, o da Alsácia e também o da Bretanha e o da Occitânia. Contou com a participação de numerosas mulheres que também eram atuantes tanto nas lutas pela liberdade de contracepção e aborto quanto no movimento das mulheres. Seu lugar de destaque cabe-lhe pelo fato de ser o único a fazer uma apurada definição do adversário que combate, tornando-o instrumento privilegiado de transformação de uma contestação cultural em luta social e política.

O conflito entre os tecnocratas e o público adverso à imposição de um modo de vida e de uma forma de mudança social pelos grandes órgãos de administração será tão duradouro e tão central na sociedade programada quanto o era o embate entre administradores e operários na sociedade industrial. Esse conflito poderá ser violento ou, ao contrário, poderá ser discutido pelos mecanismos institucionais, mas, de ora em diante, é impossível reduzi-lo a uma nostálgica resistência à mudança. Atualmente, é a ecologia política que suscita o maior número de adesões e que é defendida pelas mais profundas convicções e pelas mais fortes emoções. Enquanto se observa um profundo desinteresse em relação à ação dos partidos políticos, não arderia a paixão pela liberdade, pela verdade e pela justiça muito mais nas manifestações antinucleares do que na liturgia socialista?

Estamos nos primórdios da sociedade programada e a crise da sociedade industrial ainda pesa duramente sobre nós. Os movimentos sociais que estão se formando ainda estão em seus primeiros passos: fortes pela novidade de seus discursos; frágeis pela confusão de seus objetivos. O mais importante não é prever o apogeu desses movimentos para um futuro próximo ou remoto, mas acompanhar hoje o seu trabalho. Do feminismo ao movimento das mulheres, da defesa de uma região em crise a um movimento de desenvolvimento regional autônomo ou de libertação nacional, do medo da energia nuclear à luta contra o poder nuclear, nesses três casos e em outros, opera-se a mesma passagem de uma ação de defesa para a contestação de um poder, da afirmação de uma identidade para a denúncia de uma relação de dominação.

Formas de ação

Um movimento social não é apenas um conjunto de objetivos; supõe também a participação de indivíduos em uma ação coletiva. A formação de movimentos, ao mesmo tempo fracos, porque dispersos, e muito fortes, porque decididos a autogerenciarem-se, a definirem por si mesmos seus fins e meios, sem que estejam subordinados a partidos ou a teóricos, deve criar novas formas de ação coletiva. As formas das quais tínhamos experiência, mobilizavam militantes idealistas,

NOVOS MOVIMENTOS SOCIAIS

recorriam a sua abnegação, incumbiam-nos de participarem de grandes campanhas reivindicatórias. Hoje em dia, rejeita-se essa imagem de militante, mesmo no seio do movimento operário, como o mostra o depoimento de Daniel Mothé. Os que coordenam os novos movimentos querem viver e organizar-se à imagem da vida social que querem criar. Mudança de comportamento importa mais do que uma mudança de idéias. A ação sindical se organizava para responder às necessidades da luta, da guerra contra o capitalismo e o patrão. A maioria dos novos grupos de reivindicação e de contestação querem ser, antes de tudo, exemplares, organizados em consonância com seus fins mais do que com as exigências de um combate: são grupos menos instrumentais do que expressivos, cujos participantes se sentem gratificados tanto pela experiência que neles vivenciam quanto pela consciência da missão que executam.

A predominância do grupo sobre o objetivo destaca a autodeterminação dos movimentos sociais e o fim de sua submissão a uma instância superior, política ou ideológica. Esses grupos de ação se organizam em moldes que se pretendem opostos aos dos partidos e que podem ser melhor observados pela ausência, neles, de centralismo. À busca de soberania e de união sucede a busca de autonomia e iniciativa. Nenhum dos movimentos aqui lembrados deu-se uma organização centralizada forte. Doença infantil, dirão alguns. Não seria, mais exatamente, uma deliberada e permanente vontade de inventar uma democracia de base? As palavras mais usualmente empregadas são coletivo, assembléia, sistema, porta-voz. Essas palavras indicam, claramente, essa vontade, ainda que não impeçam que se desenvolva, também, nessas organizações flexíveis, a política do espetáculo, privilegiando as estrelas que falam na televisão e respondem às perguntas dos jornalistas.

Mais significativo ainda do que a procura de novas formas de organização é o emprego de um novo tom. Os movimentos sociais, no passado, comportavam-se como personagens épicas, como heróis de cantigas de gesta ou de tragédias, cantados em tom mágico por seus dirigentes e ideólogos. Nos movimentos sociais, hoje em formação, o tom passa da extrema excitação e da denúncia à explicação que procura muito mais reforçar a convicção do que provocar a mobilização. A linguagem torna-se mais afetiva ou carregada de humor;

muitas vezes procura também manipular as necessidades afetivas daqueles que a escutam. A participação que não mais se justifica pela simples filiação a um grupo real marca-se por seu caráter inteiramente voluntário, multiplicando-se os símbolos de identificação: vestimentas, posturas corporais, referências ao corpo e à emoção. Cada um dos participantes testemunha sua ruptura com o mundo frio da estratégia e da tecnoburocracia por meio da descontração, pela procura da diferença, pela contestação de qualquer forma permanente de organização. A opinião pública tem razão em reparar nesse novo estilo dos contestadores: não há movimento cultural ou social importante que não crie um jeito de falar, de se vestir, de se comportar.

É preciso, enfim, mencionar uma nova definição de tempo e espaço nos quais a ação se instala. Os movimentos sociais pré-industriais existiram num espaço limitado e num tempo muito longo. Situavam-se na história do mundo, mas num local determinado, num território bem delimitado. O movimento operário, ao contrário, é internacionalista, isto é, situa-se no conjunto do sistema capitalista e mostra-se até mesmo sensível — nem sempre — aos problemas criados pelo imperialismo e pela colonização; o tempo durante o qual age é mais curto, limitado pela proximidade de uma crise do capitalismo. Quanto aos atuais movimentos, o das mulheres, nacionalistas, ecologistas, antinucleares, estes vivem no imediato, decididamente no fim do mundo: é agora que é preciso pôr termo ao poder nuclear; amanhã será muito tarde. Mas esse tempo sem profundidade, que torna a escatologia uma dimensão da vida cotidiana, combina-se a uma ampliação quase infinita do espaço. Mais diretamente do que outrora, os contestadores dos países industriais juntam suas lutas às dos países dominados, assim como às dos opositores ao totalitarismo comunista. Os novos movimentos sociais são planetários; seus militantes, nômades e cosmopolitas. A ecologia ensinou-lhes a extrapolar os limites das sociedades humanas e a refletir sobre as condições de sobrevivência do ecossistema no qual se situa nosso sistema social.

Recentemente, integristas da ideologia socialista condenaram a ''esquerda americana'' que reduziria as lutas sociais a inovações culturais ornamentadas por um liberalismo preconizador de descentralização e de limitação do papel do Estado. A expressão é deplorável. Antes de mais nada porque age sobre um reflexo condicionado: quem diz americano deve estar pensando capitalista; essa esquerda americana é, portanto, cúmplice do capitalismo e até mesmo — quem sabe — da CIA. E sobretudo porque, ao usar-se tal expressão, está-se recusando a reconhecer que é, na verdade, através da associação da inovação cultural e da contestação social que novos movimentos sociais podem ser criados em nossa parte do mundo. Não há que responder sectarismo com sectarismo. Reconheçamos, pois, que essa esquerda modernizadora corre, de fato, o risco de acentuar seu modernismo em detrimento de sua força de contestação; mas é um risco totalmente limitado: os novos movimentos sociais conservam uma atitude contestadora. A "esquerda americana", influenciada pelo Womenś Lib ou pelo Friends of Earth, tal como a geração predecessora o tinha sido pelas comunidades ou pelas lutas estudantis da Califórnia, transforma, na verdade, uma ação cultural em luta social e política.

Os contestadores de hoje jamais se tornarão governantes. Não viveremos numa sociedade dominada pelas mulheres ou pelos bretões ou pelos ecologistas, porque os movimentos sociais de hoje não mais acreditam no fim da luta das classes e no fim da história. Não haverá amanhãs para se celebrarem e jamais, tal como no passado, dominado virá a ser dominador. As lutas de hoje não são mais conduzidas por novas elites dirigentes, caminhando em direção ao poder, e os tecnocratas estão já solidamente instalados a ponto de não precisarem mais fazer-se passar por contestadores como no tempo do clube de Jean Moulin.* Quando os movimentos sociais reforçam demasiadamente seu aspecto modernizador, identificam-se com uma elite em ascensão; quando, ao contrário, se fecham em uma recusa defensiva, confundem contestação cultural e luta social. Esses movimentos só existem pela união desses dois procedimentos. A rejeição dos valores da sociedade industrial e a procura de um novo equilíbrio são

---

* Um dos diversos clubes políticos franceses, o Jean Moulin foi fundado no final da década de 50 com inspiração de esquerda. O nome homenageia o patriota francês nascido em Béziers em 1899, primeiro presidente do Conselho Nacional de Resistência em 1943 e morto pela Gestapo nesse mesmo ano em decorrência de torturas. (N.T.)

tão indispensáveis à formação dos novos movimentos sociais quanto a vontade de acelerar nossa transição para uma sociedade de informação. Se dei a impressão de ter insistido muito mais nos objetivos modernizadores das lutas sociais, não foi para rejeitar os conhecimentos adquiridos da contracultura; foi somente para reagir contra a tendência, herdada dos anos de fácil desenvolvimento, de se privilegiarem as mudanças culturais a ponto de se esquecerem as lutas sociais e de seus riscos econômicos.

Antes de privilegiar esta ou aquela vertente, seja a revolução cultural seja a luta social, é necessário ressaltar a enorme extensão do campo dos movimentos sociais. Eles surgem de todos os lados, ultrapassando o domínio ao qual se dá o nome de política, rompendo os limites dos problemas considerados sociais. À medida que a autoridade se torna mais complexa e mais próxima, mais e mais os problemas sociais nos concernem pessoalmente. Essa extensão do campo social e político é, muitas vezes, examinada com temor e desconfiança; é preciso aceitá-la com sentimentos opostos. Se um campo político ampliado comporta em verdade grandes perigos, essa ampliação pode também conduzir a uma participação mais direta, mais pessoal, com atores presentes em debates e combates cujos resultados determinarão seus modos de vida. É preciso ter tanta confiança e tanta apreensão pelo futuro quanto o tiveram os militantes operários quando foram arrastados pela industrialização para conflitos que extrapolavam o campo da representação parlamentar. Por que a esquerda deveria ter medo da sociedade que se está formando? Por que pensaria ela que necessariamente seria derrotada nessa sociedade? O derrotismo, na realidade, apenas revela a impotência e a decomposição de um modelo político que está um século atrasado. Se é preciso desembaraçar-se dele para reencontrar a esperança, apressemo-nos...

QUARTA PARTE

RETORNO À DEMOCRACIA

7. NÃO HÁ ESTADO SOCIALISTA

Estado e sociedade

Existe tão pouca teoria socialista do Estado quanto teoria do Estado socialista. É que a ideologia socialista só se mantém porque recusa qualquer independência em relação aos problemas do Estado, condenando-se assim a tornar incompreensível o funcionamento dos Estados socialistas que, evidentemente, não são o proletariado no poder. A questão do Estado e a questão nacional constantemente perturbaram o pensamento socialista e frustraram suas previsões. Será que se pode afirmar, de acordo com a vulgata socialista, que o Estado existe a serviço da classe dirigente? Essa afirmação é embaraçosa já que, na maior parte do mundo, não existe classe dirigente capitalista, sendo exatamente nesses países que o Estado se apresenta mais forte. Quanto mais nos aproximamos dos grandes países capitalistas, mais o vemos diluir-se, confundindo-se com o sistema político, com o jogo dos partidos e de outros agentes políticos eleitos.

Quando o Estado é apenas o conselho de administração da burguesia, como já se o disse da Inglaterra vitoriana e da

França luís-filipina, seu poder é limitado. Entretanto, ele comanda uma parte considerável, e muitas vezes até predominante, dos grandes investimentos econômicos e intervém maciçamente nos domínios da educação e da sociedade. Essa evolução é muito pouco discutida, sobretudo pelos socialistas que nela vêem a justificação mais adequada para suas idéias, o que é ir um pouco longe demais. Primeiramente, porque a intervenção do Estado não é forçosamente de inspiração socialista. Ela não deixou de aumentar na França, durante a V República, na Itália, sob o longo domínio da democracia cristã, e nos Estados Unidos, centro do sistema capitalista. Em seguida, porque, atualmente, é mais perigoso do que nunca confundirem-se, sob o nome de Estado, funções muito diferentes umas das outras. O poder público é, em primeiro lugar, o setor produtivo público, cuja importância foi ampliada por uma série de nacionalizações e pelo encargo de uma grande parte dos investimentos; em segundo lugar, o sistema político, centrado no Parlamento e nos partidos, que criou e desenvolveu meios maciços de redistribuição de rendas; em terceiro lugar, a administração pública, que estava freqüentemente submetida à lógica burocrática, privilegiando os meios em detrimento dos fins; finalmente, o Estado propriamente dito, detentor do direito de guerra e de paz, e de um poder de regalia que se exerce hoje cada vez mais no domínio da política econômica. Essas quatro faces do poder público têm direcionamentos muito independentes uns dos outros, pelo menos em nossa parte do mundo. Na França, a imagem monolítica do Estado não se mantém quando se examina qualquer um de seus setores ministeriais ou administrativos. Até mesmo a presença socialista no Estado corre o grande risco de reduzir-se a uma extensão do setor público e dos mecanismos de redistribuição das rendas, sem mexer nas relações de classes nem no Estado propriamente dito.

É preciso retomar a distinção fundamental entre Estado e sociedade. O Estado é soberano. Ele é, acima de tudo, responsável pela paz e pela guerra, pela ordem e pela mudança. Uma nação sem nenhuma autonomia de decisão nos negócios internacionais, cujo devir econômico está sob o comando de empresas e Estados estrangeiros nos quais a autoridade e a justiça são exercidas por chefes locais, é uma nação sem Estado.

Uma sociedade nacional não é apenas definida por suas relações sociais internas; ela o é também por suas estratégias em relação ao exterior e ainda por seu próprio passado e futuro. Em nosso século, fora dos Estados-impérios que são os Estados Unidos e a União Soviética, a principal responsabilidade dos Estados é a transformação econômica. Eles são o principal agente do desenvolvimento, isto é, da transformação histórica das sociedades nacionais, de sua passagem de um tipo de sociedade para outro. Quanto mais se aproximam do centro do sistema capitalista, mais são associados a uma classe dirigente nacional e à capacidade de inovar e de conduzir as mudanças econômicas e sociais em seu proveito. Quanto mais se afastam, mais, ao contrário, são iniciadores das principais mudanças e impõem sua hegemonia a todas as classes. É preciso rejeitar tanto a idéia da unidade do poder econômico e do poder estatal quanto a de separação desses poderes; é preciso propor uma resposta mais elaborada a esse problema que, certamente, é o problema central da sociologia.

As relações de classes são, inicialmente, relações de produção, mas elas se propagam, se reproduzem e se transformam em ordem social. Uma classe dirigente, comprometida num conflito social declarado, não tem capacidade de estabelecer e manter essa ordem. Ao contrário, freqüentemente seu papel inovador a conduz a mudar a ordem social que resiste a seu espírito de empresa. É preciso, pois, constituir-se o que se pode chamar de uma classe dominante, não inteiramente idêntica à classe dirigente, que é organizada e mantida pelo Estado e pelos aparelhos ideológicos. A Inglaterra foi pátria de empresários mas também de *gentlemen*. Na França, a linguagem corrente faz uma distinção entre os capitalistas, que são os empresários, e a burguesia, classe dominante definida mais pelas barreiras com as quais protege seus privilégios e por sua "distinção", como diz Pierre Bourdieu, do que por seus lucros que, durante muito tempo, foram rendas.

Disso decorre a hipótese de que quanto mais as relações de produção triunfem sobre as relações de reprodução e a classe dirigente sobre a classe dominante, mais o Estado ficará subordinado à classe capitalista. Ao contrário, quanto mais as relações de reprodução e a defesa dos privilégios da classe dominante vençam, mais o Estado será o ator central da mudança social, seja como defensor da ordem tradicional, seja, ao contrário, como agente de uma transformação voluntarista da sociedade. Quanto mais nos distanciamos do centro da economia capitalista, mais a industrialização, que supõe a destruição de uma oligarquia tradicional, recorre à ditadura de um Estado modernizador, sem passar por soluções "civis" características dos países dominantes, ou seja, países que conheceram uma mudança endógena, que produziram sua própria tecnologia, seus capitais, suas idéias, em vez de se submeterem àqueles de um país estrangeiro. No centro do sistema capitalista, o Estado está fortemente associado à classe dirigente e tende a ficar subordinado a seus interesses. Acredita-se que sejam as empresas as detentoras do que Adolph A. Berle chamou de a consciência do rei, isto é, o papel de um Estado. Ao contrário, quanto mais nos afastamos dele, mais as relações de classes, enfraquecidas e desarticuladas, ficam subordinadas a uma intervenção estatal no domínio social e cultural. O Estado se faz ator social e até mesmo criador de ideologia.

Os Estados comunistas, os do Terceiro Mundo e os da social-democracia européia falam em nome de forças sociais e até de interesses de classe. Na América Latina, por exemplo, os movimentos populistas foram, muito freqüentemente, criados por Estados nacional-populares. Não foi o peronismo que produziu Perón, mas foi Perón quem criou, organizou e mobilizou os sindicatos peronistas. Da mesma forma, o sindicalismo ao qual se dá o nome de *pelego*, no Brasil, ou de *charro*, no México, foi criado e controlado pelos Estados, o de Getúlio Vargas ou o do PRI,* que falam em nome do povo e da nação. Essa política social e ideológica do Estado está sempre subordinada ao reforço de um Estado integrador e modernizador que desempenha, pois, ao mesmo tempo, papel de Estado e de uma classe dirigente em formação. Agindo em nome do povo, o Estado "desenvolvimentista", segundo expressão latino-americana, dirige uma mutação histórica e cria, controla ou substitui uma classe dirigente.

É por essa razão que não pode existir Estado socialista.

---

* Partido Revolucionário Institucional, partido mexicano que monopoliza o poder político no México desde 1929. (N.T.)

No sistema capitalista, porque o Estado fica subordinado ao controle capitalista, nacional e internacional da economia, ainda que desenvolva uma ativa prática de redistribuição das rendas; na periferia desse sistema ou fora dele, porque a obra de industrialização, se acompanhada no mais das vezes de intervenções e de manipulações sociais, é inteiramente oposta à formação e à expressão independente de uma ação de classe. O Estado industrializador e nacionalista se opõe tanto à luta contra os senhores da produção, quanto ao desenvolvimento dos conflitos sociais internos. Disso decorrem, em troca, dois tipos de lutas contra esse Estado: de um lado, as que se opõem à sua função estatal em nome dos direitos da pessoa, da independência da sociedade civil, da liberdade de pensamento ou, inversamente, em nome de tradições e crenças ameaçadas pelo autoritarismo modernizador; do outro lado, as que visam a dominação econômica e social exercida pelo Estado, ainda que suas vítimas sejam definidas como classes exploradas ou como mão-de-obra desenraizada ou deportada. Os estudantes africanos, muitas vezes, incriminam seus países, acusando-os de estarem a serviço do neocolonialismo, e o KOR* polonês defende a classe operária contra o estado comunista. A Anistia Internacional, exemplo do primeiro tipo de oposição, defende os que invocam os direitos do homem contra a arbitrariedade do poder.

A ilusão liberal e positivista do triunfo da sociedade civil sobre o Estado teve curta duração. Após ter-se enfraquecido na Europa do século passado, o Estado recobrou alento. O declínio das crenças e tradições não fez, de forma alguma, surgir uma sociedade que seria inteiramente ação, inovação, conflitos abertos. Os deuses foram substituídos pelos Estados que procuraram sacralizar seu poder. A aceleração das mudanças e a crescente concentração dos meios de investimento e de produção destruíram comunidades e particularismos, e criaram o perigo de uma dominação do Estado central sobre uma massa desestruturada de indivíduos, manipulados enquan-

---

* Comitê de Autodefesa dos Trabalhadores, criado na Polônia em 1976 após as manifestações de trabalhadores violentamente reprimidas nas quais eles protestavam contra a mudança de estrutura de governo derivada da nova constituição do país. (N.T.)

to consumidores tanto quanto explorados enquanto produto-res. Tocqueville, voltando da América, já havia percebido es-se perigo do poder absoluto de um Estado que não permitiria subsistir nenhum refúgio secreto numa sociedade conturbada e uniformizada pela modernização.

Quando o Estado devora a sociedade

A imagem mais forte de Estado todo-poderoso é, atual-mente, dada pelo Estado socialista, e ninguém se refere a este sem pensar, de imediato, no Estado soviético. Duas teses a seu respeito se opõem: é preciso ver nele um novo czar, tão violento e modernizador quanto Pedro, o Grande, ou, ao con-trário, é ele uma nova classe dirigente, uma burguesia de Es-tado? Essas duas teses devem ser descartadas. Principalmen-te a segunda, pois o Estado soviético é antes um Estado do que uma classe dirigente e age antes seguindo uma lógica do poder político e ideológico, do que a da dominação econômi-ca e social. Qualquer interpretação do poder soviético que co-loque em primeiro plano as relações de classes é gravemente insuficiente, não apenas quando apresenta esse poder como sendo da classe operária, o que a reduz a apenas um discurso de propaganda, mas sobretudo quando o resume como o po-der de uma classe dirigente — o que não impede de, no inte-rior desse poder soviético, se manterem as relações de classes na produção. Na época leninista, o Estado pós-revolucionário foi, ao mesmo tempo, Estado proletário, governo de salva-ção pública, ditadura de aparelho e elite industrializadora en-tusiasta de Taylor e Ford. Pouco importa se a base do pensa-mento de Lenin tenha sido autocrática ou, ao contrário, de-mocrática: uma situação histórica jamais é pura criação de um homem de Estado, por mais poderoso que seja. Em verdade, a lógica do Estado-partido pós-revolucionário o levava a su-bordinar tudo a seu papel industrializador voluntarista e, por-tanto, a submeter todas as forças sociais, políticas e culturais ao despotismo do Estado-partido. Quanto a Lenin, ele man-teve, particularmente em suas últimas reflexões de 1922 e 1923, a primazia do político, colocando-o, entretanto, a serviço uma

NÃO HÁ ESTADO SOCIALISTA   151

revolução cultural que permitiria ao povo participar diretamente da mudança de sua condição. Permaneceu sempre convencido de que, num país atrasado e esperando que a Revolução se estendesse aos países mais adiantados e, segundo as palavras de Hélène Carrère d'Encausse (1979, p. 162), ''a consciência social que se atrasa em relação às possibilidades políticas segue a reboque de uma elite consciente''.

A obra política de Stalin foi a de fazer triunfar não o Estado, mas o Estado-partido sobre a sociedade e, inicialmente, sobre os militantes revolucionários. Essa obra não respondia às necessidades de um projeto econômico, mas às exigências da construção de um poder absoluto. Significava a destruição da sociedade civil pelo Estado. O Estado stalinista devorou o partido e, através dele, o movimento revolucionário, enquanto que seu papel modernizador estava gravemente cerceado pelos efeitos desorganizadores da repressão. A ideologia oficial do regime, que explicava as formas tomadas pela coletivização das terras, em decorrência à resistência da classe dos *kulaks,** foi refutada pelos historiadores. Rudolf Bahro, ao designar a dissolução da classe operária na totalidade da população como um dos objetivos do poder stalinista, faz uma correta observação. Todas as classes, enquanto agentes sociais, foram esmagadas pelo despotismo do Estado. Tal regime poderia ter-se destruído a si mesmo: o erro dos trotskistas foi acreditar que essa saída era fatal e que o regime soviético acabaria por recair no capitalismo quando sua burocracia dirigente viesse a vacilar entre desvio direitista e desvio esquerdista. Em verdade, o regime se estabilizou porque conseguiu manter seu despotismo de Estado, acelerando a formação de uma classe dirigente que permanece submissa à hegemonia do *premier.*

Contrariamente, algumas pessoas vêem no regime soviético, no final da dominação de Stalin e sobretudo após 1953, a expressão estatal de um poder de classe. Essa é a tese que Cornélius Castoriadis ardorosamente defende há trinta anos. O poder soviético seria o poder dos dirigentes sobre os executantes e repousaria na manutenção da divisão do trabalho e da hierarquia dos salários. Bastam o governo dos conselhos

---

* Ricos proprietários de terras na Rússia. (N.T.)

operários e uma absoluta igualdade dos salários, conclui Castoriadis de acordo com Pannekoek, para pôr um fim a tal poder. Essa tese está próxima à de Bahro, quando ele faz uma reflexão sobre sua experiência como dirigente de empresa:

Uma organização do conjunto da sociedade com base na antiga divisão do trabalho só pode ser uma organização do conjunto do Estado; só pode ser uma socialização com uma forma alienada (1979, p. 130).

O poder do Estado é, pois, o produto direto da divisão do trabalho:

O conhecimento que a sociedade tem de si mesma [...] deve manifestar-se em forma de um Estado particular enquanto os indivíduos não tiverem uma visão global do conjunto ao qual estão integrados (Ibidem, p. 143).

Essas interpretações "sociais" são muito genéricas. Não explicam o que distingue o poder soviético do poder capitalista, tampouco as lutas que se travam no interior da elite dirigente soviética. György Konrad e Ivan Szelenyi abordam o assunto mais corretamente quando mostram a rivalidade dos "intelectuais" — ou, melhor dizendo, dos tecnocratas — e da "casta", isto é, do Partido.

As reformas econômicas empreendidas em numerosos países, a partir da era krucheviana, podem ser entendidas como o fortalecimento do poder dos tecnocratas em nome da racionalidade econômica. Esses autores acompanham até mesmo a ação das diversas facções da *intelligentsia*. Uma delas chega até a formular os interesses da classe operária, mas,

cada vez mais, numerosos serão os intelectuais marginais que, após terem defendido os interesses da classe operária, se conscientizarão de sua própria especificidade social e se tornarão os protagonistas do poder da classe dos intelectuais;

uma outra, em nome da prioridade a ser dada aos fins políticos sobre os meios econômicos, faz-se, ao contrário, aliada da casta dos dirigentes políticos contra os tecnocratas. Mas Fejtö estabelece, na revista *Faire*, os limites dessas teses. Nada demonstra a existência de uma estratégia dessa classe dirigente; a dominação do Estado-partido jamais foi ameaçada pela pressão dos dirigentes industriais; ela o foi apenas pelos movimentos nacionais contra uma dominação estrangeira, o

que vem confirmar a predominância dos problemas do Estado sobre os das classes. Marc Rakovski, jovem filósofo húngaro, que se define como marxista, rejeitando interpretações em termos de relações de classes, chega a conclusão semelhante:
Na sociedade soviética, nenhuma classe, nem mesmo a classe que está no poder, tem possibilidade de organizar-se. Disso decorre uma clara subordinação de todas as camadas da classe dominante tipo soviética à elite política que mobiliza a cúpula do aparelho de Estado (1977, p. 146).

Rudi Supek e os redatores iugoslavos da *Praxis* igualmente defendem que os regimes comunistas são, antes de tudo, "estadistas".

O partido que está no poder [escreve Supek] possui o monopólio político, fazendo com que tenha predominância sobre o Estado, enquanto proprietário dos meios de produção (1976, p. 200).

E acrescenta: "No estadismo, a coerção ideológica vence a opressão política e a opressão econômica ocupa o último lugar" (Ibidem, p. 202), enquanto que, no sistema capitalista, a hierarquia dos instrumentos de controle social é inversa. É preciso concluir, junto com Rakovski, que "é a situação de cada grupo social face à hierarquia do poder que, sozinha, determina os antagonismos fundamentais" (1977, pp. 53-54).

Entretanto, tal fato não pode levar-nos a esquecer a constante existência de relações de classes e mesmo de condutas autônomas dos dirigentes econômicos que tentam, às vezes, liberar-se um pouco da tutela do Estado-partido.

Todo esse debate não tem como objetivo apenas o conhecimento da União Soviética e dos regimes por ela instalados na Europa do Leste. Ele direciona, em grande parte, a reflexão sobre o socialismo. Definir o poder soviético pela dominação de classe exercida por uma burguesia de Estado, como o faz Castoriadis, Bahro, Bettelheim ou Szelenyi, permite conservar-se a idéia de que as relações de classes explicam e comandam o papel do Estado e, portanto, a teoria socialista da história pode ser mantida. Se, ao contrário, seguirmos Rakovski, Supek e quase todos os dissidentes soviéticos, diremos que, nos países comunistas, os problemas do Estado comandam os problemas das classes e de seus conflitos (o que não impede de reconhecer o fortalecimento cada vez mais intenso das áreas administrativas técnicas e econômicas em favor de uma política mais tecnocrática e menos estatal), o que permite também compreender melhor a predominância de um tipo de oposição sobre um outro. As figuras mais importantes da dissidência se opõem, inicialmente, ao Estado: uns, em nome da defesa de uma cultura comunitária ou nacional, ou seja, a dos russos, a dos ucranianos ou a dos judeus; outros, tal como Bukovski, em nome dos direitos do homem e de uma convicção moral. Soljenitsin ou Guinzburg não defendem trabalhadores explorados, mas um povo dominado. Mesmo aqueles que, tal como Pliutch, se dizem marxistas e querem analisar a sociedade soviética como uma sociedade de classes, são levados, antes de tudo, pela defesa das liberdades e de um povo contra um Estado absoluto. Do tradicionalista eslavófilo ao liberal voltado para o Ocidente, do qual Sakharov é o exemplo típico, todos os dissidentes são alentados muito mais por uma afirmação moral do que política, por uma luta contra um mal absoluto, contra um Estado totalitário e não contra os privilégios de uma classe dominante.

Não deveriam a extensão do sofrimento desses dissidentes e a força de seus protestos pesar muito nessa reflexão sobre o socialismo? Será que daríamos tanta importância à idéia de luta de classes se gerações de militantes operários não tivessem se confrontado com miséria, prisão e morte, em defesa dos direitos e dos interesses da classe operária, nas fábricas e na rua? A existência dos prisioneiros, a lembrança das vítimas e o combate dos dissidentes invocam, igualmente, a compreensão da importância da dominação do Estado devorador da sociedade, impondo seu poder absoluto até mesmo àqueles aos quais encarrega da direção de suas empresas. É impossível reduzir a dominação do Estado soviético e as resistências que ela suscita a formas indiretas de um conflito de classes. O Estado, banido do pensamento socialista ou por ele reduzido a um papel subalterno, vingou-se, devorando os socialistas que edificaram seu poder. Quem ousa, hoje, defender que o Estado socialista é o prolongamento e a realização da luta operária, ou, ao contrário, apenas uma nova face da dominação capitalista? A luta da classe operária e a construção do Estado socialista pertencem

NÃO HÁ ESTADO SOCIALISTA   155

a domínios diferentes que a filosofia socialista da história é incapaz de reunir. Podemos perguntar-nos se a União Soviética, agora industrializada, vai finalmente dar certa autonomia às classes e aos conflitos sociais ou se, ao contrário, a dominação do Estado sobre a sociedade vai reforçar-se ainda mais. Parece realmente que a lógica do Estado vencerá, na medida em que aumenta o desequilíbrio entre o poder político e militar do Estado soviético e a relativa fraqueza de sua economia e de sua organização social. A União Soviética, cada vez mais, é compelida, em seu papel de grande potência, a expandir sua influência no Terceiro Mundo e na Ásia, enquanto é impotente para impedir a progressiva reincorporação de uma parte das democracias populares ao Ocidente. A União Soviética parece estar atraída mais pelo Leste e pelo Sul do que pelo Oeste. De qualquer forma, seria imprudente esperar sua democratização como conseqüência direta da sua industrialização.

A miragem do nacionalismo revolucionário

As esperanças depositadas no Estado socialista não sobreviveram à Segunda Guerra Mundial. A guerra fria produziu, à esquerda, numerosas condenações aos Estados Unidos e pouco entusiasmo em favor da União Soviética. Essas esperanças retomaram alguma força com o triunfo da revolução chinesa. A opinião ocidental chegou até a elogiar o regime maoísta por seus acertos econômicos, porque lá não se morria mais de fome. É um julgamento que não se refere ao socialismo propriamente dito. A revolução cultural teve alguns turibulários, mas as multidões brandindo o Livro Vermelho pouco se assemelhavam à imagem da libertação operária propiciada por um século de socialismo europeu.

Foi muito mais em direção ao Terceiro Mundo que se orientou a procura da importante união entre Estado libertador e movimento operário ou camponês. Um enorme entusiasmo saudou a vitória dos guerrilheiros cubanos no início de 1959. Por toda parte, nos países dependentes ou colonizados, o nacionalismo, considerado reacionário ou fascista na

Europa, despontou progressista. A luta antiimperialista se nutria tanto da rebelião dos peões e dos mineiros quanto da vontade de construir um Estado nacional. O socialismo, dividido e decomposto na Europa, traído nos países do Leste, não se transformaria numa grande força histórica ao associar-se aos movimentos de libertação nacional? Com efeito, suscita enorme esperança e faz surgir sempre o mesmo entusiasmo toda vez que parece renascer em novas terras: ontem, no Egito nasseriano ou em Cuba, ou ainda na Eritréia, atualmente dominada; hoje, na Nicarágua libertada pelos sandinistas ou na Palestina; amanhã, talvez, em El Salvador. Hoje, essa grande esperança dos anos 60 apagou-se: a formação do Estado nacional e as lutas sociais que, inicialmente, se misturavam, desmembraram-se para, a seguir, se combaterem. A profecia de Franz Fanon não se realizou. Ele apregoava que as forças mais arraigadas numa cultura dominada é que conduziriam à luta anticolonial — e o exemplo dos mau-mau do Quênia, abandonando as cidades para retornar à floresta, assim como a natureza das forças sociais que sustentavam Ben Bella, pareceram dar-lhe razão. Quanto mais completa tivesse sido a dominação cultural mais íntima seria a união da libertação nacional e do levante dos oprimidos. Mas onde se esperava que se instalassem camponeses pobres dominou o exército, conduzindo uma política de industrialização que desfavoreceu o campo e fez crescer o desemprego. O Estado nacional e o proletariado rural não fomentaram durante muito tempo a mesma luta.

O nacionalismo decepcionou primeiramente os militantes revolucionários e operários, ao defender os interesses de uma burguesia e de uma pequena burguesia nacionais. Nasser não foi flexível para com os comunistas, nem mesmo para com aqueles que, do fundo de suas prisões, o defendiam; o populismo democrata-cristão no Chile desembocou numa vaga de repressão antioperária. No Quebec, a confederação dos sindicatos nacionais não mais apóia o partido quebequense, acusando-o de retomar a velha política de defesa da pequena burguesia, ao aliar-se com o grande capitalismo da América do Norte. Aí, o apelo nacionalista à especificidade cultural fez reviver o integrismo religioso e as lutas nacionais cujas primeiras vítimas foram os defensores do socialismo. A esquer-

NÃO HÁ ESTADO SOCIALISTA 157

da revolucionária argelina encaminhou-se para o exílio; os sindicalistas tunisianos foram submetidos a perseguições mais e mais violentas. Enfim, atualmente, o Irã de Khomeini é o primeiro grande exemplo de uma anti-revolução: as revoluções associavam um movimento de classe à destruição de um antigo regime; mas o regime do xá era o contrário de um regime antiquado; era uma revolução branca, autoritária, repressiva, associada ao grande capitalismo estrangeiro, mas que conturbava a vida social e cultural tradicional com uma industrialização e uma urbanização selvagens. A revolta que baniu o xá, dentre todas as que a história moderna conheceu, foi talvez a que se realizou com a maior participação popular, sem no entanto ter sido ação de classe nem ação modernizadora, mas apenas uma revolta popular em defesa de uma identidade cultural; seus aspectos de luta de classe permaneceram secundários. Todos os que acreditavam ver acontecer em Teerã a grande aliança do progressismo ocidental com o nacionalismo terceiro-mundista rapidamente se decepcionaram, a começar pelas mulheres. Essa grande reviravolta não é típica do Irã, nem mesmo dos países do Islã; ela já se anunciara na Irlanda e na Índia de Gandhi. Em outros países, o nacionalismo, inicialmente populista, tornou-se antipopulista. No Brasil, a seguir no Uruguai e no Chile, finalmente na Argentina, ele impôs ditaduras militares que empreenderam e ainda empreendem ativamente, nesses três últimos países, a completa destruição das forças populistas e revolucionárias. Enfim, nos países que permaneceram mais dependentes das antigas metrópoles coloniais, ditadores serviram e às vezes ainda servem de cobertura para o neocolonialismo, como o fez Bokassa no vértice do Estado centro-africano.

Assim, os novos Estados do Terceiro Mundo se distanciam, muitas e freqüentes vezes, bastante brutalmente das forças nacionalistas e revolucionárias. Paralelamente, as lutas contra os Estados, acusados de serem os agentes do imperialismo estrangeiro, mesmo que em nome do marxismo, distanciamse de qualquer ação de classe e de massa. Os ousados e imprevistos ataques dos guerrilheiros às cidades e às regiões rurais não desencadeiam uma revolta popular nem na zona rural do Peru e da Guatemala, tampouco em Caracas, São Paulo, Montevidéu e Buenos Aires. A quase misteriosa expedição de Che, numa região isolada da Bolívia, bastante distanciada dos mineiros do estanho e sem ligação a um partido comunista principalmente urbano, indica claramente a dissociação entre a guerrilha e as lutas sociais. Para terminar, decorridos vinte anos da queda de Batista, o Estado conquistado pelos guerrilheiros de Sierra Maestra combate na África pela extensão da zona de influência soviética. O espírito de Bandoeng é apenas uma longínqua lembrança, cujo último e convicto defensor foi talvez esse antigo maqui croata transformado há muito em senhor absoluto da Iuguslávia. O enlace entre o Estado e o socialismo não se realizou mais nem nos trópicos nem nas estepes da Europa do Leste.

Essa constatação não traz em si uma condenação aos nacionalismos do Terceiro Mundo. A importância desses movimentos consiste no fato de que transformam o mapa geopolítico do mundo. A hegemonia do Ocidente está chegando a seu fim; o Oriente retoma força e independência e inventa formas inéditas de transformação econômica e política. E é exatamente a importância desses renascimentos, analisados já há tempos entre nós por Anouar Abdel Malek, que torna ilusória a manutenção do modelo socialista, ligado às particulares condições da industrialização capitalista no Ocidente. Hoje, não se permite mais acreditar que o socialismo possa ser concomitantemente movimento social e poder de Estado. A força do movimento socialista foi querer ser as duas coisas, porém isso só seria concebível num tipo particular de sociedade — a sociedade industrial — e numa certa categoria de países — os países mais próximos do centro da economia capitalista. Atualmente, movimentos de luta social e Estados libertadores e industrializadores se separam e até mesmo se opõem. Em várias partes do mundo, esses Estados impõem seu poder absoluto e as lutas sociais são substituídas pela defesa dos direitos do homem contra esse absolutismo. Na nossa, ao contrário, despontam lutas sociais que não apelam mais para uma intervenção do Estado, mas para a autogestão de coletividades. Essa separação entre luta social e intervenção de Estado marca o declínio do modelo socialista.

8. COMBATES PELA DEMOCRACIA

Não existem movimentos sociais sem democracia

Em qualquer lugar onde a ação de classe seja vigorosa e autônoma, em qualquer lugar onde o conflito entre as classes sociais ocupe posição central, a sociedade se transforma pela influência desse conflito nas instituições políticas e na organização social. Em qualquer lugar, ao contrário, onde a classe operária seja fraca e onde as contradições da ordem social dominante sejam fortes, uma ruptura revolucionária substitui as reformas da sociedade. É necessário opor os dois seguintes recursos de que dispõem as forças populares: instituições e Estado, como o fiz enquanto sociólogo, a partir de *Produção da sociedade*, e como Blandine Barret-Kriegel acaba de fazer enquanto historiadora das idéias. Os que lutaram contra os donos da terra, do comércio e das fábricas não apelaram para o Estado, mas para as instituições políticas e judiciárias, portanto, para a lei. Ao contrário, os que estão submissos a um patrão estrangeiro ou a uma ordem autocrática procuram apoderar-se do poder de Estado.

Na tradição socialista, essas duas idéias estão presentes:

a classe operária luta contra o patrão capitalista e recorre à lei e à negociação coletiva; os partidos socialistas preparam a conquista do Estado para libertar os trabalhadores, as forças produtivas e a nação. Durante muito tempo essas duas orientações se entremearam; o socialismo anti-reformista, mas não comunista, apresentou-se como agente de síntese dessas duas orientações, acreditando realizá-la através de reformas de estrutura. A experiência histórica mostra, ao contrário, que essas duas vias se separam cada vez mais. É chegado o momento de escolher entre a preparação da revolução de anteontem e a transformação da sociedade por meios institucionais. É preciso decepcionar aqueles que querem superar a contradição entre reformismo e estadismo, fugindo em direção à fusão mística de democracia e revolução. O espaço dessa fusão não existe. A utopia que o descreve é muito forte, mas uma utopia não é um programa. Nada pode atenuar a clareza da escolha que se deve fazer: os movimentos sociais precisam da democracia, as revoluções derrubam e produzem um Estado absolutista. Jamais haverá escolha entre uma luta de classes que seria revolucionária e uma pressão democrática que seria reformista. A luta de classes não é revolucionária e seu complemento normal, necessário, é a democracia. Onde houver Estado e revolução, não haverá nem ação de classe nem democracia. Nenhuma luta de classes pode existir sem uma certa abertura política, sem a possibilidade para as reivindicações, as idéias críticas e as pressões políticas. Quando a classe dirigente detém um poder absoluto e se identifica com um Estado autoritário, os movimentos sociais se transformarão em partidos clandestinos para preparar uma revolução.

A democracia repousa sobre dois princípios. Primeiramente, separação do Estado e da sociedade, o que implica a autonomia do sistema de representação política em relação ao poder do Estado; em segundo lugar, a eleição livre dos que decidem, o que supõe liberdade de informação e de discussão. Não existe nenhuma razão para restringir a democracia aos limites das instituições ditas políticas. Há muito tempo os sindicatos lutam, com certo sucesso, para fazer penetrar a democracia nas empresas. Ainda que com poderes limitados, os comitês de empresa não são apenas assembléias onde se elegem representantes do pessoal de uma empresa. É absurdo recusar-se *a priori* a idéia de que a democracia possa penetrar na escola, nos hospitais ou na caserna. Entre os movimentos sociais e a democracia, há laços diretos. As assembléias políticas só existiram porque foram impostas pelos movimentos populares; os comitês de empresa foram criados sob a pressão dos sindicatos. Os que opõem a democracia real à democracia formal, as liberdades proletárias às liberdades burguesas, apenas demonstram que são avessos ou hostis à democracia.

Movimentos e instituições contra Estados populares

Se os movimentos sociais, durante muito tempo, se opuseram às instituições e às Luzes, é porque o Estado de direito era dominado pela burguesia. Hoje, frente à escalada dos Estados populares e nacionalistas, os movimentos sociais populares descobrem que, tal como seus adversários, ou seja, a classe dirigente, fazem parte da sociedade civil e que não podem existir sem que a independência e a soberania dessa mesma sociedade sejam garantidas pelo respeito à lei e às instituições. Ainda somos tentados a colocar os movimentos sociais a igual distância das instituições representativas e das forças políticas que procuram apoderar-se do Estado. Esse paralelismo é ilusório e freqüentemente de má-fé.

No momento em que o Estado se confunde com uma vontade coletiva e se identifica com um movimento social ou nacional, ele devora, como já o dissemos, a sociedade civil, a começar pelos movimentos sociais populares. Por outro lado, se o triunfo da burguesia desencadeia um enfraquecimento do Estado, esse triunfo não destrói os movimentos sociais populares; mais freqüentemente, permite um desenvolvimento autônomo das instituições, isto é, dos espaços em que as relações de força entre classes e atores sociais se transformam em direito e em normas de organização social.

São essas as condições para a existência dos movimentos sociais. Desde que se admita — e como não admiti-lo? — que toda sociedade de investimento é uma sociedade de classes, a escolha entre uma sociedade de classes e uma sociedade sem classes desaparece e, em seu lugar, surge a verdadeira escolha: entre a sociedade civil que é uma sociedade de relações e de lutas de classes, e o Estado-partido que, com seu poder, esmaga as relações sociais. Escolha puramente intelectual: praticamente, jamais escolhemos entre a democracia com seus conflitos e o Estado-partido com seu poder de transformação histórica. Não depende de nossas preferências que a sociedade civil governe o Estado, reduzindo-o quase inteiramente às instituições, ou que o Estado governe a sociedade civil, reduzindo-a a organizações de massa. Onde a mudança social vem de dentro, das inovações culturais, da ação da classe dirigente e das lutas de classes populares para a reapropriação coletiva do produto coletivo, isto é, nos países capitalistas "centrais", a democracia existe; onde a industrialização e o desenvolvimento supõem a ruptura de uma dependência, em relação ao Exterior ou a um poder estatal e cultural reacionário, como aconteceu na Rússia, na China e também na Argélia ou em Moçambique, é um Estado-partido ou mesmo um Estado-movimento que se torna a personagem central. Os movimentos sociais ou acompanham sua ação, ou, ao contrário, se voltam contra ele; as instituições desaparecem e os direitos do homem passam a ser a mais fundamental das reivindicações. É inevitável que movimentos antiestatais e, em particular anticolonizadores ou antitotalitários, não recorram a procedimentos democráticos. Simplesmente porque estes impedem o Estado de impor sua lei à sociedade. Os moderados que acreditaram no fim da colonização de seus países por sua simples presença no Parlamento dos países colonizadores colocaram-se em uma situação de tal forma contraditória que não puderam sustentá-la durante muito tempo. O sindicalismo muitas vezes reforçou a democracia, porém ele também recorre à força e a métodos não democráticos, na medida em que se choca com o poder absoluto dos patrões, defendido pelo Estado e pela repressão. Nos principais países capitalistas, o sindicalismo escolheu, em geral, lutar por aquilo que os ingleses chamam de democracia industrial, conseguindo negociar as condições de trabalho e de emprego.

Quando a ordem dominante se recusa a negociar, a ação reivindicatória se transforma em ataque direto. As instituições políticas, quando existem, são então destruídas, o que conduz à guerra civil. Nada permite condenar o princípio da violência. Em muitas situações, não existe espaço para os movimentos sociais e para a democracia: compreende-se que aqueles que optaram pelas armas, desprezem aqueles que aceitam ficar comprometidos, na vã esperança de uma negociação política. Da mesma forma, deve-se compreender a hostilidade dos democratas em relação às forças que apelam para a violência e para a tomada do poder pela força. Não se trata nunca de escolher, entre democracia e revolução, qual é boa e qual é má, mas simplesmente de não confundir heróis de uma guerra com coordenadores de um movimento social. Os que lideram uma guerra social freqüentemente se transformam em importantíssimas personagens históricas, mas é raro que não destruam os movimentos sociais no exato momento em que pretendem fazê-los triunfar. Fidel Castro mostrou-se herói ao derrubar Batista, pondo fim à dominação americana em Cuba; tornou-se, entretanto, desde então, adversário ativo de qualquer movimento democrático na ilha. Tanto seria absurdo chamá-lo de democrata, por ter derrubado Batista em nome do povo, como condenar inteiramente sua ação, por não ser democrática.

No que diz respeito à França, a força de sua burguesia e a realidade de suas instituições representativas fazem com que o caminho que nela se impõe não seja o da revolução, da guerra e do Estado de salvação pública, mas o caminho dos movimentos sociais, da democracia e das reformas. Esse caminho não é nem moderado nem mais radical que o primeiro; muito simplesmente é diferente; origina-se da lógica da sociedade civil; o outro, da lógica do Estado. De qualquer forma, ele é preferível à mistura de discurso revolucionário e práticas pusilânimes que freqüentemente caracterizaram a esquerda francesa. Existe uma lógica política que repousa na fusão do partido e do Estado, o que conduz à dominação da sociedade por um Estado que fala concomitantemente em nome do povo, da economia e até mesmo, às vezes, em nome da ciência. Há uma outra que dá prioridade aos movimentos sociais e pretende utilizar instituições e um direito que garantam o respeito e permitam a ampliação das liberdades democráticas. As nacionalizações ganham significados opostos conforme se faça delas o instrumento da fusão do poder econômico com o poder político, portanto, do fortalecimento do Estado, ou, ao contrário, entre outros, de uma estratégia econômica a longo prazo, que implica importantes investimentos em setores prioritários. A mistura de ideologia socialista, nacionalismo e produtivismo, que caracteriza a relação dada por Jean-Pierre Chevènement às duas primeiras partes do Projeto Socialista, é a ideologia de uma tecnocracia fria, tomando o poder do Estado. As liberdades teriam o que temer desse estado jacobino, autoritário e doutrinário. O papel que o Estado irá desempenhar, dependerá sobretudo da capacidade das forças sociais de desenvolver sua própria ação.

Tudo, na França, leva as novas lutas a se transformarem em movimentos sociais, escolhendo um modo de ação democrática. Entretanto, essas lutas só podem vir a ser movimentos sociais com a ajuda dos herdeiros do movimento socialista, sindicatos e partidos, que se tornaram forças propriamente políticas. No entanto, partidos e sindicatos ajudarão os novos movimentos sociais, tal como a esquerda parlamentar ajudou seus próprios antepassados, militantes operários, no final do século passado? Ou os socialistas de todas as espécies se fecham na ilusão de constituir ainda um movimento social ou mesmo uma força revolucionária, ou então abandonam as ilusões que não são mais adequadas à sua idade e se tornam úteis, dando aos movimentos sociais uma ajuda sem a qual correm o risco de se perderem na violência, no sectarismo, na dispersão. Dos comunistas, não podemos esperar que adotem esse último procedimento porque não são um partido propriamente democrático, porque sempre falaram a linguagem das contradições do capitalismo, da revolução, do partido e do Estado, porque seu próprio partido está organizado para esse tipo de ação. Os socialistas ou os sindicalistas independentes são muito mais indecisos. A maioria deles sabe, há muito tempo, que não mais dirige um movimento social, mas uma força política. Entretanto muitos hesitam em dar espaço aos novos contestadores: erroneamente, pois não correm o risco de perder sua influência política, bem ao contrário.

Se as forças políticas podem não reconhecer a importância dos novos movimentos sociais, ou sentir-se ameaçadas por eles, estes cometem, mais facilmente ainda, erro semelhante. Recusam-se à aliança com as forças políticas por temerem perder seu papel, ainda débil, de expressão dos atores sociais. Isso é grave, pois um movimento social não pode manter sua existência sem aliados políticos. Fecha-se, então, numa recusa generalizada que o transforma em seita revolucionária, ou, ao contrário, numa ação demasiado específica que o reduz apenas à condição de grupo de pressão. Freqüentemente, incorre nestes dois erros, empregando uma linguagem revolucionária enquanto persegue objetivos limitados, de onde decorrem conflitos doutrinários e graves desequilíbrios. O problema da aliança entre os partidos de esquerda tradicionais e os novos movimentos sociais está, de ora em diante, em evidência. O futuro da esquerda depende em boa parte dele.

Como essa aliança pode ser feita? Como sempre, em torno de temas modernizadores. No final do século XIX, a esquerda era modernizadora; acreditava no progresso, no estado leigo e cientificista. Estava pronta, no espírito dos radicais ingleses e do solidarismo francês, para abrir ao movimento operário o direito à representatividade, em reforço à sua própria luta contra a tradição. Hoje, deve ser da mesma forma: a esquerda tem de defender os novos movimentos sociais, mostrando-se modernizadora, isto é, lutando para a ampliação do campo da democracia, para a redução do campo das desigualdades e para o progresso de uma justiça social que elimine os privilégios. Tentaremos mostrar de que forma uma esquerda democrática, aliada aos movimentos sociais e antiestatais, poderia propor amplas reformas nos principais domínios da vida social.

Combates inacabados

A ação sindical, incomodada até 1968 com o não-reconhecimento de uma seção sindical na empresa, sempre teve dificuldades em tratar de problemas mais imediatos, porque os sindicatos têm poucos recursos, exceto no setor público e nacionalizado, e as empresas estão presas a uma maneira antidemocrática de funcionamento. A democratização da empresa, começando pelas oficinas ou pelos escritórios, é objeto prioritário de reforma. O Programa Comum da esquerda lhe havia dado a importância que merece. Maior ainda é a importância das lutas operárias contra os efeitos da política econômica da classe patronal na força de trabalho dos empregados. Fred Lip* deu à sua empresa uma direção que a levou à falência; em seguida, demitiu-se dela, estando munido de um alentado capital; os trabalhadores de sua empresa foram lançados no desemprego tal máquinas de produção jogadas no ferro-velho. A ação desses trabalhadores, seguida por outras ações semelhantes, como na empresa Rateau, despertou um novo tipo de reivindicações: aquela do direito de controle da política econômica das empresas. A CFDT, quando da grande crise da siderúrgica da região da Lorraine, engajou-se nessa orientação. Em vez de defender o já tradicional emprego na região, ela escolheu exigir uma política industrial à qual as organizações sindicais seriam associadas. Os problemas sociais da sociedade industrial não se apaziguarão por si sós; a condição operária não pertence ao passado; ela se faz presente e deveríamos ficar escandalizados ao ver, na França, chefes de empresa disporem de um poder de decisão muito maior e mais autoritário do que na maioria dos países industriais. Mas por que tão pouco espírito de reforma na França, por que tanta submissão a uma autoridade patronal autocrática? Isso se deve antes de mais nada à relativa fraqueza dos sindicatos, que se chocam contra uma forte repressão em muitas das pequenas, médias e, até mesmo, grandes empresas, e são muito divididos entre si. O mais importante objetivo de uma política reformista no domínio do trabalho é a unidade sindical e, conseqüentemente, a autonomia do sindicalismo em relação aos partidos políticos. O papel da CFDT, nesse aspecto, é central, e sua luta por um sindicalismo claramente comprometido à esquerda, mas independente, exerce efeitos positivos sobre a CGT. Será esse objetivo — a unidade sindical — mais moderado, mais reformista que as atuais práticas? Evidentemente, o contrário é que é verdadeiro. Enquanto se está dissertando sobre socialismo e nacionalizações, fica-se muito pouco interessado naquilo que pode transformar a condição operária nas empresas, quando a existência de uma importante massa de operários mal pagos, maltratados e submetidos a um comando autoritário é

---

* Ver nota à pagina 134. (N.T.)

o que distingue, hoje, a França de seus vizinhos mais ou menos social-democratas.

Tomemos um outro exemplo de problemas já antigos que, clamando por reformas urgentes, transformariam profundamente a vida social. Antes do movimento operário, tivemos muitos movimentos urbanos desde aqueles que a jovem burguesia encetou para emancipar-se até os da Comuna de Paris. Quão longe estamos de haver colhido os frutos dessas lutas urbanas! Será mesmo indubitável que lutar por uma "comunização" da França seja um objetivo moderado? Todos parecem aprovar a idéia, mas a constante insistência no fortalecimento do poder econômico do Estado pouco favorece a defesa de iniciativas locais. Os discursos sobre a descentralização permanecem muito frágeis. Deveria, para revigorar-se, ligar-se aos movimentos regionais que, nascidos em regiões francamente pré-industriais, são alentados por um espírito de democracia local. Por exemplo: na região de Aude, como em muitos outros departamentos, o Ministério da Educação fechou algumas escolas. E, o que é mais grave ainda, a Escola Normal de Carcassonne vê seu corpo docente diminuir perigosamente. A administração justificou-se, alegando a necessidade de adaptar o número de professores à quantidade da população. Contra esse argumento, os militantes occitânicos do departamento responderam que uma localidade sem escola é uma localidade morta. É preciso, pois, conservar os professores não para salvar uma tradição, mas porque eles são ou devem ser agentes de luta contra o subdesenvolvimento regional. Em vez de aceitar a concentração que empobrece a periferia, dar a cada coletividade local meios de assegurar seu desenvolvimento: isto se torna possível apenas se as principais decisões forem tomadas no próprio local onde os problemas se apresentam. À velha aliança entre prefeitos e notáveis locais, tão bem descrita por Pierre Grémion, deve suceder-se uma autonomia das coletividades locais, implicando a supressão dos prefeitos. Os partidos de esquerda progrediram muito nesse sentido. Mas poderemos ficar seguros de que farão hoje, e de que fariam amanhã, da supressão dos prefeitos um dos objetivos prioritários de sua ação? Esses dois exemplos mostram que reformas que recolhem a herança dos movimentos sociais do passado estão bem longe de serem anódinas e que a esquerda socialista está aquém, mais do que além, de tais objetivos.

Novos campos de ação

Consideremos agora os novos movimentos sociais e as formas de democracia a favor das quais eles combatem. Não se trata neste caso de aniquilamento das formas arcaicas de organização social, mas da luta contra a criação de novos poderes, acarretados pelos aparelhos tecnocráticos que se instalam em um número cada vez maior de setores da vida social. As lutas operárias, tal como as lutas mais antigas pelos direitos cívicos, foram conduzidas direta ou indiretamente por meios políticos. Elas deveriam agir sobre o poder político para derrubar os privilégios e a dominação dos donos da terra e das fábricas. Hoje, o poder se concentrou, na ordem econômica, com certeza, mas também no domínio cultural. A força das redes de televisão é a mais clara manifestação desse fato, e o desenvolvimento vindouro da telemática reforçará ainda mais essa concentração. Em vez de destruir os senhores locais, tal como outrora, é preciso, pois, reconstituir coletividades locais, defender e desenvolver a autonomia da opinião pública, substituir as comunidades tradicionais dissolvidas por organizações voluntárias.

Os partidos políticos não são mais, não podem mais ser instrumentos dessa fragmentação da sociedade; os partidos foram arrastados para o lado do Estado. Eles nos governam, não mais nos representam. Depositamos nossa confiança nos movimentos sociais e culturais e neles engajamos nossas convicções, mas esses movimentos carecem de agentes de transmissão política que sejam ao mesmo tempo agentes de reivindicação e de gestão e coordenadores da democracia local. Esses agentes facilmente se tornarão novos notáveis, como o demonstra o exemplo das lutas urbanas, mas não há democracia sem corpo intermediário. Uma sociedade ou uma cultura de massa são o oposto da democracia. Os mais vigorosos movimentos sociais estão cercados por grande número de grupos de iniciativa, freqüentemente coordenados por esses novos notáveis, que não contestam diretamente a dominação social, mas reconstituem, com bastante liberdade e alguns compromissos, uma capacidade de ação autônoma em numerosos domínios da vida social. É nesse ponto que se situam as reivindicações pelo direito à diferença que lutam contra uma uniformização constrangedora. Em poucos anos, por exemplo, graças sobretudo à ação de pesquisadores como Bernard Mottez e Harry Markowicz, vimos a França abandonar os esforços pelos quais tão longa e brutalmente se bateu para impor aos surdos a linguagem dos outros e para fazê-los reconhecer, na própria linguagem, a dos sinais. De maneira mais generalizada, a exclusão dos deficientes vem pouco a pouco acabando, ainda que reste muito a fazer para que nos acostumemos a conviver, a trabalhar, a brincar com os que são física e mentalmente diferentes. A ação dos homossexuais já conseguiu que os preconceitos recuem e que sentimentos e desejos, até então aprisionados na proibição e na clandestinidade, sejam reconhecidos.

Para além dessas ações, sobretudo culturais, constituem-se movimentos de reforma de alcance mais direto sobre os poderes dos organismos centrais. Após termos olhado para o lado da empresa e da cidade, voltemo-nos agora para a saúde e a informação. As críticas de Ivan Illich, acrescidas e ampliadas dos prognósticos de Jacques Attali, mostram que os cuidados com a saúde deixarão cada vez mais de ser um serviço médico de ajuda aos doentes para tornarem-se produção de órgãos e controle da saúde coletiva. A crescente importância das despesas da Previdência Social transforma a política da saúde em elemento primordial da política econômica. No outono de 1979, os deputados tiveram razão em exigir que o orçamento social da nação, tão importante quanto o do Estado, fosse submetido à sua aprovação. Diante de problemas tão amplos, o velho objetivo de socialização da medicina não está ultrapassado e até mesmo não se tornou perigoso? Em nome da luta — justificada — contra os privilégios dos notáveis e o lucros dos financiadores das empresas farmacêuticas, tem-se identificado progresso com hospitalização e tem-se aumentado o poder dos administradores, acrescentando-se dessa forma uma nova província no reino dos tecnocratas. Será essa a expressão mais progressista de uma política de esquerda? O sistema tecnocrático se desenvolve, reforçando sem cessar seu poderio em nome do interesse coletivo. Esse sistema pode impor-nos tanto a lógica de poder da organização hospitalar quanto a lógica padronizadora dos sistemas de prevenção. O que se lhe opor a não ser, inicialmente, o relacionamento pessoal entre o médico, no hospital ou fora dele, e o doente? Trata-se de saber, quanto a isto, se a vida é um recurso, como o poder e o dinheiro, que deva ser economizado e acumulado através e às vezes contra indivíduos portadores dele, ou se, ao contrário, deve ser a condição da existência de indivíduos livres e responsáveis. O grande e recente debate sobre a morte mostra onde se situam as grandes escolhas atuais e o quanto é secundária e falsa a escolha entre medicina liberal e medicina socializadora. Nesse aspecto, estamos diante de um problema tão fundamental que é bem mais difícil organizar um movimento social no domínio da saúde do que no campo do trabalho ou da vida urbana. As associações contestadoras que se formaram não tiveram atividade duradoura; algumas vezes, foram absorvidas pela luta feminista pela liberdade de aborto; mais freqüentemente permaneceram fechadas no interior do círculo médico, como parte das reivindicações da categoria. Mais do que em qualquer outro setor, nesse caso, o debate político pode preceder ou ajudar a formação de um movimento social. A política de saúde não vem sendo debatida num espaço político próprio.

Essas considerações se aplicam tanto ao domínio da informação quanto aos da saúde, da pesquisa científica e do ensino. No campo da informação, a reivindicação por uma abertura política tem-se manifestado mais diretamente. Nesse caso, ainda, também estamos presos a uma desgastada formulação dos problemas sociais. Haverá alguém, entre as pessoas que vivenciaram a guerra da Argélia ou os acontecimentos da primavera de 68, que ainda esteja convencido de que a liberdade de informação exige a substituição de emissoras particulares por uma rádio-televisão nacional? Quem é que não compara o silêncio que paira no Leste a respeito das crises sociais, ou mesmo na França, com relação à guerra da Argélia, com a proliferação de filmes e reportagens americanas sobre a guerra do Vietnã? O verdadeiro problema está em outro lugar, como o demonstrou a criação de rádios livres e o fato inesperado de a mais importante delas ter sido lançada pela CGT em Longwy.

Podemos salvar a escola?

A ideologia leiga, que marcou tão profundamente a III República e suas classes médias, igualmente distanciadas da vida operária ou camponesa e da burguesia que se aproximava da Igreja, hoje não tem mais muito sentido, já que agora a Igreja católica perdeu sua influência política. Os debates parlamentares sobre a educação em geral são de extrema pobreza. A sociedade francesa, não sabendo o que fazer com suas escolas, abandonou-as aos educadores, impondo a estes rígidos controles administrativos. Terá o pós-socialismo algo a dizer-lhes e a perdir-lhes? Será o ensino um importante objetivo para uma sociedade programada ou não será mais que um pesado serviço público, sobre o qual ainda paira a grandeza de outrora, mas numa irremediável decadência? Uma das principais razões, que me levam a defender a idéia de que estamos entrando num novo tipo de sociedade, é que essa dramática representação da transformação social obriga a formular em novos termos os problemas da escola e a definir claramente qual é a concepção conservadora e qual é a concepção reformadora nesse importante domínio. Na sociedade programada, dominada pelos grandes organismos administrativos, o lugar que cada um ocupa é definido por critérios meritocráticos, por diplomas. Técnicos e administradores têm necessidade de conhecimentos, que adquirem na organização em que trabalham, mas principalmente nas escolas. Dessa forma, os laços do ensino com a atividade profissional tornam-se mais do que nunca estreitos, a tal ponto de não se poder sequer separá-los. A escola não precede mais a vida profissional, ela se mescla a ela: reciclagem, formação permanente dos adultos, universidade da terceira idade. O sistema escolar se reduz a uma máquina de seleção que serve aos interesses da tecnoburocracia. A desvalorização dos outros conhecimentos em proveito do ensino de 2 grau da área de ciências exatas, a conclusão apressada e despreparada do ensino de 2 grau, a hierarquização dos cursos, das séries e dos estabelecimentos em função das faculdades científicas acarretaram uma verdadeira destruição da educação geral. É insuficiente e mesmo falso falar em conservadorismo e arcaísmo a esse respeito. O sistema escolar não se contenta em reproduzir antigas desigualdades; ele está realmente voltado para o futuro, mas é um futuro limitado ao fortalecimento das elites dirigentes, à subordinação dos funcionários e burocratas médios ao poder dos tecnocratas. É assombroso ver-se que, após a derrota do rápido movimento dos estudantes secundaristas, os professores não lancem um grande movimento de protesto e de inovação contra uma evolução da qual são as vítimas.

Aqueles que procuram lutar contra as fortificações que dominam a sociedade programada não devem hesitar: devem combater essa profissionalização do ensino. Que outra idéia de escola opor-lhes? Aquela que parte dessa simplíssima observação: nossa sociedade se produz por si mesma, tanto pelo conhecimento quanto pelo investimento. O conhecimento não é nem uma técnica nem um ideal, mas um meio de ação da sociedade sobre si mesma. E os saberes e tecnologias não são senão modos socialmente determinados de utilização do conhecimento. A escola deve ser o espaço em que, em lugar de se separarem as informações das condições sociais de produção, de transmissão e de utilização, educadores e educandos procurem juntos compreender de que forma a sociedade age sobre si mesma pelo conhecimento e através de suas formas de organização social, de suas formas de decisão, de suas relações de poder, de suas orientações culturais. Tomemos um exemplo: os estudos de medicina têm como objetivo oficial formar médicos e esperam consegui-lo por meio de uma rigorosa seleção baseada em conhecimentos que raramente serão utilizados pela grande maioria dos médicos. Esse é um esquema seletivo, profissional e burocrático. Frente a essa realidade, pode-se imaginar que as faculdades de medicina sejam substituídas por faculdades da saúde, cujo principal objetivo seria estudar como se forma o conjunto das intervenções sociais que afetam a saúde individual e coletiva. Iriam para essas universidades todos aqueles que participassem dessas intervenções: médicos, enfermeiras, administradores, juristas e economistas, sindicalistas etc. Todos, mas em forma de programas bas-

COMBATES PELA DEMOCRACIA 173

tante diversificados, adquiririam tanto conhecimentos gerais quanto uma formação profissional e um conhecimento dos problemas sociais da saúde. E, ao invés de acumularem apenas informações, aprenderiam a olhar e a ouvir os doentes. Paralelo a essas faculdades da saúde, pode-se facilmente imaginar faculdades de urbanização, de informação, de relações internacionais, de produção industrial, de administração etc. Em cada um desses casos, associar-se-iam institutos, que seriam locais de produção de conhecimentos fundamentais e aplicados, escolas, que seriam espaços para a transmissão do saber, e oficinas, onde se estudaria a utilização social de determinados conhecimentos. Os institutos deveriam ser gerenciados pelos produtores de conhecimento, isto é, pesquisadores, fossem eles professores ou não, as escolas seriam co-administradas pelos educadores e educandos, as oficinas dirigidas pelos usuários mais que pelos pesquisadores, professores e estudantes.

Tal sistema supõe que se aceite uma diferenciação dos estabelecimentos e, portanto, que se renuncie, tanto neste caso como em outros, a uma igualdade formal, administrativa, que protege desigualdades reais. Não é possível confundir-se a preparação de especialistas com a formação de "quadros" e resposta às múltiplas exigências de educação geral. É preciso diferenciar essas funções, evitando-se uma compartimentação e uma hierarquização que reproduziriam as desigualdades sociais.

É preciso principalmente rejeitar a extrema centralização do sistema escolar que conduz todas as crianças e adolescentes para um único modelo de sucesso: "Se os senhores querem que seus filhos entrem na Politécnica", dizia-nos, a nossos pais de alunos de um CES de um bairro residencial mais afastado, uma diretora tão preocupada com a reputação de seu estabelecimento quanto hostil a qualquer diálogo com os pais!... A maioria dos secundaristas e dos universitários franceses são, antes de mais nada, alunos reprovados, não admitidos nas séries subseqüentes, do que indivíduos que tenham adquirido uma certa instrução.

Se compete à universidade fazer compreender a utilização que as sociedades fazem de seus conhecimentos, a escola, por sua vez, deve questionar-se acerca da transmissão do conhecimento, em vez de se questionar acerca da utilização desse conhecimento e, portanto, estar centrada sobre aquele a quem chamamos de aluno. Em vez de incutir-lhe normas e prepará-lo para ocupar uma certa posição na organização social, conviria tratá-lo como um agente de comunicação, de compreensão dos outros e de mudança. O divórcio entre as expectativas do sistema de ensino e as expectativas das crianças e jovens que estão sujeitas a ele, é insuportável. A denúncia da escola feita por Paul Goodman e Ivan Illich é libertadora. Como podemos estar cegos ao horrível entulho que os intermináveis anos de escola representam e que nos obriga a condutas e a atitudes que, se forem generalizadas entre os adultos, conduziriam nossa sociedade à ruína?

Essa observação não tem por objetivo apresentar um projeto de reforma, mas mostrar que, num campo tão fundamental quanto a educação, hoje abandonada ao corporativismo e à regulamentação, é possível estabelecer um grande debate político entre duas concepções de ensino opostas. Esse debate concerne a todos: ao movimento das mulheres e dos ecologistas, aos sindicalistas e aos movimentos regionais que defendem sua língua e sua cultura; porém mestres e educandos deveriam prepará-lo já a partir de hoje de um modo mais ativo. Já dissemos por que o movimento estudantil estava em completa decomposição. É preciso, pois, voltar-se para os educadores. É normal que eles defendam seus interesses e direitos, suas carreiras e salários, mas deveriam também ter dois objetivos mais amplos. O primeiro é reconhecer a existência da classe, grupo formado por educadores e educandos, deixar de acreditar que sua função é transmitir conhecimentos, quando, na verdade, é intervir na atividade coletiva e pessoal dos membros de um grupo. A escola na França impõe tipos de relações, horizontais e verticais, que estão em total contradição com a cultura atual e com as novas exigências da democracia. Esse objetivo parece muito limitado, pedagógico, como se diz com desprezo. Se o considerarmos mais de perto, convencer-nos-emos, pelas resistências que provoca, de que transformar uma relação de autoridade é muito mais importante e mais difícil do que mudar um programa. Que aumentem ou diminuam as horas-aula de história ou de filosofia, ensinem mais química ou grego, inglês ou hebreu, nada mudará. Que admitam que a classe exista e não é só um conjunto de indivíduos

submissos à autoridade de um professor, pois assim vocês transformarão a vida escolar, porém com uma condição pelo menos: que essa reviravolta não seja mero pretexto para renunciar ao trabalho da inteligência. Em segundo lugar, os educadores não deveriam separar os conhecimentos da utilização social que se faz deles. Se cada um fizer uma tentativa no campo que mais diretamente lhe diz respeito, ver-se-á conduzido por esse conselho rudimentar para caminhos desconhecidos. O essencial é reconhecer que a única maneira de falar com proveito da escola é sair das categorias escolares
    horários, programas
    e do apelo enganador da profissionalização. Desta forma a educação voltará a ser a importante meta, nas lutas sociais e políticas, que nunca deveria ter deixado de ser.

Instituições maleáveis

Cada tipo de sociedade acrescenta à democracia um gênero particular de instituições. As sociedades mercantis opuseram ao poder dos reis as assembléias eleitas. São instituições frágeis, na medida em que o controle democrático é, nessa sociedade, muito remoto, mas fortes, porque essas instituições combatem diretamente o poder central. Com a sociedade industrial aparece o sindicato que defende uma democracia mais direta do que a do Parlamento. Os eleitos não são mais meros representantes, porém delegados, controlados mais de perto por seus mandatários; em contrapartida, o campo de ação deles é menos central do que o dos parlamentares. Hoje, temos necessidade de instituições ainda mais "maleáveis", de uma democracia cada vez mais direta. No campo da educação, da saúde, da urbanização, da informação, temos a premente necessidade de "comitês de cidadãos", segundo expressão quebequense, para discussões, reflexões e negociações contínuas, e também de regras de eleição que respeitem os direitos da minoria e reduzam o mais possível a autonomia dos porta-vozes em relação aos grupos de iniciativas.
    Não podemos mais contentar-nos com instituições democráticas centrais que possibilitam reforçar a centralização do

poder. Vemos, pois, formarem-se por toda parte, freqüentemente à margem dos regulamentos oficiais de funcionamento, grupos, comitês ou assembléias que, se correm o risco de
soçobrarem na defesa de interesses muito particulares ou serem manobrados por notáveis locais, defendem entretanto uma
democracia de base. Anunciar o fim do espaço público, como o faz Jürgen Habermas, é ser extremamente pessimista.
O espaço público da burguesia, criado nos séculos XVII e
XVIII na Inglaterra e a seguir na França, está em decadência.
Mas por que concluir daí que ele só será substituído por um
poder central de manipulação social e cultural? Ao contrário,
vemos formar-se um novo espaço público, pelo menos onde
existem democracia política e sindicatos independentes do poder, e esse espaço é muito mais amplo e diversificado do que
o que existia outrora. À medida que a influência da tradição
recua, acelera-se a disputa entre a dominação cultural exercida pelos aparelhos tecnocráticos e um pensamento crítico pouco a pouco difundido. Quantos realmente participariam da
ação dos movimentos sociais se não compartilhassem a confiança na opinião pública, o que é, para ser exato, oposto ao
sectarismo e ao terrorismo típicos das formas degeneradas do
socialismo em declínio? Não é a sociedade de massa por si mesma que sufoca as liberdades, mas a ditadura. Aqueles que contestam essa evidência, fazem-no muito freqüentemente por medo de uma sociedade política mais aberta, para defender uma
democracia controlada pelos partidos e uma concepção elitista ou mesmo corporativista da cultura.

Mas é preciso ir mais longe ainda. Os apelos à iniciativa
e à participação podem tornar-se tão constrangedores quanto
as propagandas oficiais. A única função das instituições democráticas não é fazer as reformas caminharem. As instituições democráticas devem também proteger a autonomia de cada um, seu silêncio ou sua fraqueza. A particular característica da democracia é reconhecer a existência do que não está
integrado, talvez não integrável, e de não denominar desvio
tudo o que não for conformidade. É o tipo de regime que impõe limites à intervenção da coletividade, que reconhece por
exemplo o direito de asilo. Nada nos parece mais importante
do que a proteção dada, por um mosteiro, a um chileno per-

seguido pelo DINA.* Aqueles que dão testemunho de sua fé desempenham papel mais importante ao se oporem ao poder total do Estado do que ao dar um tom escatológico às ideologias em declínio. Mas é fornecer uma imagem muito patética e limitada das liberdades elementares reduzi-las somente ao direito de asilo, ainda que ampliado. Da mesma forma é importante o reconhecimento de condutas de não-conformidade social ou cultural. A ideologia estadista criou um enorme aparelho de intervenção administrativa. Um roubo é praticado, chama-se a polícia. A droga se dissemina, prendem-se os fornecedores. Pessoas estão deprimidas, enviam-nas para um hospital psiquiátrico. Não se trata de condenar essas intervenções em bloco, mas podemos imaginar também um caminho bem diferente. Se os jovens fogem, por que não haveria locais onde pudessem ser abrigados, sem que seus nomes fossem enviados à polícia, e ter um tempo necessário para refletir? Diante dos drogados, loucos e dos desvios de todo tipo, seria necessário perguntar-se o que é tão difícil de ser suportado na existência coletiva que, ao invés de ser assumido coletivamente, transforma-se, em algumas pessoas, num problema individual. A maior força dos aparelhos tecnocráticos é sua capacidade de definir e de impor normas. Recriemos, pois, espaços sem normas, marginais, pouco marcados, semelhantes àqueles dos quais algumas vezes sentimos necessidade.

Esse apelo ao "direito de asilo" não deve ser confundido com a substituição de algumas normas autoritárias por outras, menos imperativas, mas cujo caráter vago pode ter como único resultado o reforço do poder dos "psi"** que as interpretam. É preciso, ao contrário, que os riscos das relações sociais sejam claramente evidenciados, sem que, no entanto, esse esclarecimento, que invoca o combate, impeça o respeito pelos lugares onde sejam recolhidos os feridos. Bondade é a palavra; talvez uma palavra já desgastada: mas que importa? Na base dos movimentos sociais e de sua luta, na base das instituições da democracia e das reformas que elas produzem, no nível da vida de cada pessoa e de todos, é preciso que exista

---

* Departamento de Investigação Nacional, órgão do aparelho repressivo oficial do Chile.

** Abreviatura de psicólogo ou psiquiatra. (N.T.)

um pouco de bondade, para evitar-se que aquele que não se adapta à norma estabelecida pelos chefes seja arrastado pela fatal espiral da marginalidade, do desvio, do crime, da loucura ou do suicídio, sempre empurrado para baixo por especialistas titulados que o aprisionam, assistem, designam, interpretam. O espírito de liberdade deve continuar a inspirar-nos desconfiança do poder e do Estado. Estamos de tal forma atolados nas intervenções e regulamentações que é preciso passar totalmente para o outro lado, reforçar ou simplesmente salvaguardar a autonomia das pessoas e das coletividades. Mas evitando-se reduzir os movimentos sociais a associações com finalidades humanitárias: nunca a vida social se reduz apenas à cooperação voluntária e aos mecanismos democráticos de decisão. As instituições e os direitos estão sempre sendo sufocados pela dominação e pelo emprego que esta faz da força. Mas as tensões existentes entre os conflitos abertos e as instituições, entre o que se chama, de maneira irrefletida, de liberdades reais e liberdades formais, são menos importantes do que sua independência. Não existem liberdades sem lutas. Nosso século, dominado pelos Estados todo-poderosos, obriga-nos a defender a aliança vital entre os movimentos sociais e a democracia.

Nossa sociedade, sem dúvida, é muito fraca para poder ser absolutamente liberal; expor-se-ia a uma dependência aos que dominam sua ambiência econômica, política ou cultural. Mas a aliança dos movimentos sociais com a democracia pressupõe um mínimo de liberalismo, sem o qual recaímos rapidamente na aliança da violência, do Estado e do dirigismo. Se a autogestão é a ideologia dos novos movimentos sociais populares, ela o é porque designa uma vontade de defesa coletiva contra a dominação dos aparelhos. Sobretudo não deve ser compreendida como reforço da pressão do grupo sobre os indivíduos. Seu objetivo central não é criar um poder ''justo'', mas meios de combater o poder e de novamente dar aos indivíduos e às comunidades a direção e a responsabilidade por suas atividades.

9. EM BUSCA DE UMA EXPRESSÃO POLÍTICA

Análise histórica e julgamento político do presente não devem estar separados. Através dos acontecimentos atuais, da ruptura da esquerda, das lutas no interior do partido socialista, da mudança de política do partido comunista, lê-se a decomposição do modelo socialista, cujo corpo há muito desmembrado nosso país tentou, durante dez anos, fazer reviver. A história política oferece sempre uma imagem de confusão, tão rápida é a sucessão dos acontecimentos sem uma lógica aparente. Mas se a questionarmos em termos distintos dos empregados pelos próprios atores, despontará, por trás da confusão, uma fundamental mudança: o nascimento ou a morte de uma concepção ou de uma força política. É o que acontece hoje em dia: aqui e agora o modelo socialista definha.

Esquartejamento

A crise do movimento socialista, analisada na primeira parte deste livro, tem uma conseqüência política direta: a crescente separação de suas duas tendências antagônicas. Aqueles que crêem no movimento social, na democracia e nas reformas distanciam-se cada vez mais daqueles que pensam em termos de contradições do capitalismo, de revolução, de prioridade a ser dada à conquista do Estado. A história política do socialismo é a do desmoronamento acelerado do socialismo de esquerda, que não é social-democracia, e tampouco comunismo, cujos influentes representantes foram, durante muito tempo, Kautski e os austromarxistas; esse socialismo de esquerda conseguiu sobreviver principalmente na França entre as duas guerras, antes de tornar a reencontrar, na própria França, uma importância ambígua no partido socialista a partir de 1971, poucos anos antes de sair perdedor no PSI* e no PSOE.**

Essa ruptura é inevitável, porque é preciso que uma porta seja aberta ou fechada. A ação leninista havia se organizado de maneira coerente para a tomada revolucionária do poder de Estado. Nos países que possuem instituições democráticas, ao contrário, o socialismo tornou-se mais e mais social-democrata ou trabalhista, defendendo os interesses dos assalariados no interior do sistema parlamentar, utilizando todos os meios de influência dos sindicatos e reforçando a ação municipal e a intervenção das associações voluntárias, aceitando para tal o direcionamento capitalista da economia. A revolução soviética, a crise dos anos 30 e as transformações acarretadas pela Segunda Guerra Mundial deram aos social-democratas força crescente, impondo às economias capitalistas a aceitação de uma crescente intervenção do Estado. A partir de 1947-1948 a guerra fria acentuou, de maneira dramática, esse esquartejamento do socialismo. A escolha entre o Leste e o Oeste tornou-se mais importante do que ser integrante da família socialista. Essa escolha tomou, durante muito tempo, uma forma extremada na França, país que conheceu um partido socialista unificado apenas durante alguns anos, de 1905 a 1920. A oposição entre guesdistas e jauresianos, e principalmente entre comunistas e socialistas, tornou patente a todos

---

* Partido Socialista Italiano. (N.T.)

** Partido Socialista Operário Espanhol. (N.T.)

a divisão fundamental do movimento socialista. É impossível acreditar que na França, em 1971, a história tenha se revertido e que tenhamos assistido ao renascimento de um socialismo de esquerda, caminhando para sua unificação. Nem o birô político do partido comunista nem François Mitterrand se deixaram levar por essas suposições tão desprovidas de sentido.

Estratégias rivais

Isso nos leva a fazer da união da esquerda uma interpretação distanciada da que foi apresentada pela própria esquerda e a reconhecer que cada um dos dois partidos, conscientes da impossibilidade da convergência entre si, guiou-se por uma estratégia de concorrência cuja conseqüência necessária deveria ser a ruptura. Essa ruptura poderia ter acontecido após uma vitória eleitoral; ela aconteceu antes dela, tornando-a impossível. Tal como herdeiros desunidos, os partidos, colocados frente a frente, não procuraram restabelecer o ambiente familiar desfeito, mas tentaram apoderar-se da herança. Nem um nem outro podendo comportar-se como forças puramente parlamentares, devido a seu passado comum, ambos restringiram-se a agir em nome de objetivos puramente estratégicos, que os colocaram em polaridade. Os dois partidos se puseram em uma situação contraditória. Um e outro afirmaram-se partidários de uma ruptura revolucionária e conceberam sua vitória eleitoral como uma conquista do Estado; um e outro aceitaram, concomitantemente, as regras da vida democrática, dentre as quais a principal é a da alternância. Essa contradição, característica do socialismo de esquerda, foi vivenciada de maneira antagônica pelos dois partidos. O partido socialista quis dar um impulso revolucionário a serviço de uma ampla democratização da sociedade, apoiando-se em sua própria situação majoritária à esquerda e na influência da função presidencial, da qual racionalmente pensava apoderar-se. O partido comunista pensou, pelo menos durante certo tempo, que a vitória democrática poderia ser prolongada pela intervenção organizada de um movimento revolucionário. Dando-se conta de que seu roteiro era menos verossímil que o do

PS, o PC aproveitou-se disso pondo fim à estratégia de união que havia sido sua durante vinte anos, desde as primeiras declarações de Maurice Thorez em dezembro de 1958.

A ruptura à qual essa concorrência conduziu é importante porque sanciona a derrota da última tentativa européia de dar ao modelo socialista uma expressão política direta. Após essa derrota, numerosas formas de aliança entre partidos de esquerda permanecem possíveis, mas o caminho da unidade ideológica da esquerda de origem socialista e, portanto, de um Programa Comum, está defitivamente fechado. Tudo, nas políticas de união da esquerda, foi estratégia, foi astúcia e discurso dúbio. É preciso colocarmo-nos, inicialmente, no ponto de vista do partido socialista, já que a estratégia de união da esquerda foi para ele uma reviravolta brutal. Sua adoção, na gestão de Alain Savary, marcou uma ruptura com a política seguida pela SFIO e da qual o novo partido socialista só se desembaraçou lentamente em nível municipal. François Mitterrand, conclamado em Épinay para a direção do Partido Socialista, transformou essa estratégia ainda hesitante em uma grande política de união da esquerda. O Programa Comum, proposto havia anos pelos comunistas, foi rapidamente assinado, mediante ligeiras modificações.

Mas, para muitos, a adoção do Programa Comum não foi apenas uma manobra estratégica. Branko Lazitch retomou os numerosos textos que, na história do socialismo, se referem explicitamente a uma concepção leninista, principalmente aqueles que foram escritos na época da Frente Popular e das negociações pela unificação, que desembocaram finalmente na ruptura do dia 24 de novembro de 1937, e também aqueles que retomaram, em 1944-1945, a idéia da fusão dos dois partidos e aos quais havia se oposto Léon Blum quando de seu retorno da prisão. Esses textos se referem a um partido único do proletariado, tendo por finalidade a conquista do poder e que, ao escolher o caminho das reformas, devia ser um partido de luta de classe e de revolução. A imagem que se criou para esse partido permanece próxima da realidade dos partidos comunistas, partidos regidos pelo centralismo democrático e que visam instaurar a ditadura do proletariado pela dissolução da legalidade. Desde 1971, sempre existiu, no interior do partido socialista, uma força política cujo objetivo é a criação desse partido único ou, pelo menos, de uma real unidade ideológica e política. No CERES e fora dele, muitos militantes e dirigentes socialistas mantiveram e reforçaram assim o clássico discurso da ideologia socialista. É claro que essa orientação sempre foi minoritária, e não se pode acusar François Mitterrand e seus amigos de terem aceitado a eventualidade de o partido socialista ser dominado por essa tendência, nem, por conseguinte, a criação na França de um partido único dos trabalhadores de orientação comunista, o que faria nosso país passar para o bloco do Leste.

A posição de François Mitterrand foi, antes de tudo, estratégica. Ele só se aproximou dos comunistas enquanto estava longe do poder, e em todas as suas aproximações manteve um discurso totalmente diferente. No momento em que assume a direção do partido socialista, com o indispensável apoio do CERES, tem de romper com a herança da SFIO. Uma linguagem marxista, a evocação da luta das classes e do movimento operário, o apelo ao fortalecimento do próprio partido ajudam-no a liquidar o passado e, principalmente, a fazer renascer seu partido, mostrando à opinião pública sua vontade de propor aos comunistas uma aliança de governo. Seu sucesso é rápido, o que lhe permite conduzir, em 1974, contra Jacques Chaban-Delmas e Valéry Giscard dEstaing, uma notável campanha principalmente pela ausência de referência ao Programa Comum e pela elaboração, por uma equipe inicialmente dirigida por Jacques Attali e, a seguir, por Michel Rocard, de um programa presidencial. Os ecos dessa campanha são tais que, no final do mesmo ano, no Congresso do socialismo, alguns sindicalistas afluem para o partido socialista e muitos temas lançados pelos novos movimentos sociais são aí discutidos. O partido comunista descobre, então, os perigos de uma união que só traz vantagens ao partido socialista, majoritário, melhor adaptado ao sistema político democrático e o único que pode apresentar com sucesso um candidato à eleição presidencial. O partido socialista, dividido entre essas duas atitudes, encontra-se paralisado em 1977 e no início de 1978. É o partido comunista que toma todas as iniciativas: preparação da ruptura, a própria ruptura e ataques contra o ex-aliado. A ascensão da esquerda ao poder parece adiada para um futuro indeterminado. O partido socialista retoma, então, sua linguagem inflexível; François Mitterrand adota um vocabulário marxista e se desvencilha de seus inimigos em Metz, mediante uma aliança, mais constrangedora que perigosa, com o CERES.

Se estudarmos a política socialista durante esses anos, não saberemos ao certo onde estaria o fim, onde estaria o meio. Invocava-se a unidade da esquerda socialista e, no entanto, toda a política de François Mitterrand tendia a fazer balançar essa aliança, em benefício de uma esquerda democrática e pragmática. Esse complexo jogo se esfacelou diante de uma recusa nítida e definitiva dos comunistas. Os acontecimentos políticos desses últimos anos deixaram a impressão de que os comunistas faziam jogo e agiam mais complexa ou mais maquiavelicamente do que os socialistas. O contrário é que é verdadeiro, já que a união da esquerda se colocava no campo do partido socialista, ou seja, o da ação parlamentar e democrática, enquanto que ao partido comunista só restava debater-se numa situação contraditória até o momento em que esta lhe pareceu insuportável.

O eurocomunismo é ainda menos real do que o socialismo de esquerda. Para o partido comunista só existe a possibilidade do abandono forçado de sua esperança revolucionária em proveito de uma política democrática tão estranha a ele quanto o era, por razões opostas, para os conservadores clericais do início da III República. O eurocomunismo não é uma estratégia ou uma concepção política; não é uma escolha, mas uma submissão. Inconfortável situação para um partido armado para a guerra social e a tomada do poder e obrigado a participar de uma democracia parlamentar. Tão inconfortável que obriga o partido comunista desdobrar-se: exteriormente, é um partido de progresso social, herdeiro das Luzes e da tradição nacional republicana; interiormente, é uma máquina oligárquica. Sua manutenção se explica pelas conseqüências de sua própria existência, pela ausência de acesso ao poder das forças políticas que representam a massa dos assalariados. Contrariamente aos países social-democratas, a França mantém uma imensa distância social entre as categorias sociais. Mas essa situação, que explica a solidez do partido comunista, não o protegeria contra uma maré democrata ou social-democrata. Isso se deve ao fato de que o partido comunista teme que, apesar da sua força militante e sindical, a vitória da esquerda provoque essa maré em favor do partido socialista, e assim escolheu romper antes da vitória e preferiu sua própria sobrevivência a um triunfo comum. Portanto, raciocinou da mesma forma que François Mitterrand e não lastima mais que ele esta longa aventura: nada perdeu nela e até mesmo ensinou os franceses a se reacostumarem com a idéia de ministros comunistas.

Há vinte anos, não existe, rigorosamente falando, uma política comunista. Não é verdade que esse partido persevera para sempre em sua essência de máquina autocrática; mais falso ainda é dizer-se que, pouco a pouco, se transforma num partido social-democrata. Apenas extraviou-se, conservando um pé em sua organização de partido revolucionário e outro no sistema político democrático. Daí decorre um discurso, ao mesmo tempo rígido e instável, doutrinário e hesitante, que obriga seus membros periféricos, intelectuais ou operários, a terem dupla personalidade: o militante de aparelho é, também, em outros momentos, tanto um sindicalista muito parecido com os socialistas alemães ou belgas quanto um erudito amante de Balzac ou de Stendhal. Agora o partido comunista é obrigado a escolher. O significado e as conseqüências dessa escolha devem ser descritos sob dois pontos de vista diferentes: o que defendo aqui e o do próprio partido comunista.

Meu ponto de vista é aquele de que, impotente para escolher, acreditando defender-se contra os desvios, direitistas ou esquerdistas, o partido comunista, após ter conhecido, em seus primórdios, uma fase de isolamento sectário, depois um longo período de integração parcial na esquerda democrática, interrompida apenas por um decênio de guerra fria, está ameaçado de certa marginalização: os novos temas de contestação são-lhe estranhos; ele se apóia sobre uma base social operária que se transforma e tende a reduzir-se aqui e ali; está fechado num tipo de funcionamento oposto ao do resto do sistema político; manipula a informação e a verdade de um modo que choca a maioria dos franceses. Deveríamos então dizer que se poderia conceber uma política de esquerda sem o partido comunista? Não. Primeiramente porque as evoluções políticas são lentas, tanto à esquerda como à direita, e não vemos como um candidato de esquerda poderia desprezar o apoio decisivo dos votos comunistas; em seguida porque a resistência do eleitorado comunista mostra que o modelo socialista clássico conserva uma importante base social, particularmente entre os operários e técnicos do setor público. A estratégia do partido comunista impele-o a fazer campanha voltada, por um lado, para os pobres e, por outro, para os funcionários médios do setor terciário, em rápida expansão, mas sua força social e militante permanece ligada ao mundo dos trabalhadores da grande indústria. Ele é e continua sendo o partido da classe operária, ou melhor, da consciência da classe operária que é a mais forte, não nos setores mais marginais, mais desprivilegiados, mas nos setores onde operários qualificados e técnicos estão mais diretamente ameaçados pela organização do trabalho. Essa base social se torna muito mais sólida quanto mais se aproxima do Estado, porque, de um lado, a vida sindical e política é menos reprimida no setor público e, de outro, porque a prioridade dada pelos comunistas à ação política em detrimento da ação sindical facilita sua ação nos setores em que o Estado é o patrão.

O esfacelamento e o declínio do modelo socialista não mais possibilita ao partido comunista ser o co-gerador de uma política de esquerda, mas permite-lhe ainda conservar seu papel de expressão da resistência a um capitalismo, que permanece brutal, e do apego a um intervencionismo estatal indispensável quando as instituições políticas e judiciais e as intervenções sindicais não protegem eficazmente os trabalhadores. O partido comunista não pode impor uma solução em conformidade com seus objetivos, mas qualquer nova orientação da esquerda deverá encontrar uma forma de acordo, de contrato com ele, por causa da duradoura importância de sua principal base social. Isso coloca o partido comunista numa situação constrangedora para a qual não tem saída: se escolher a abertura política, colocar-se-á em território de um parceiro socialista que sempre considerou como adversário; se se fechar em sua base e em suas formas tradicionais de organização, será uma esquerda minoritária, devendo, pois, ceder a outros a condução da política enquanto conserva considerável força de intervenção social. Doravante, concebe-se mais facilmente um governo socialista, com apoio, mas sem participação dos comunistas do que um governo de união da esquerda.

EM BUSCA DE UMA EXPRESSÃO POLÍTICA   187

Coloquemo-nos, agora, do ponto de vista do próprio partido comunista. Ele não desconhece os riscos que corre ao recusar a união da esquerda e, até mesmo, continua a prever diversas modalidades possíveis de aproximação com os socialistas. Está convencido de que a aliança da esquerda fatalmente conduz à social-democratização do movimento operário e que, nas atuais circunstâncias, a social-democracia vem a ser o principal sustentáculo do capitalismo em crise. O comunicado publicado em Moscou, em janeiro de 1980, proclama que a esperança deste fim de século é a passagem do capitalismo para o socialismo, que o confronto dos dois não dá margem a nenhum terceiro partido centrista, principalmente na Europa. E que o partido comunista só pode romper totalmente, e até mesmo com violência, apenas com seu ex-aliado. Essa posição pode custar-lhe muito em influência, particularmente entre os intelectuais; o partido pensa que um recuo desse tipo é menos grave do que sair perdendo na coesão e no rigor doutrinário. Ele se esforça para vencer essa tensão cada vez mais forte entre seu núcleo permanente e sua zona de influência, desenvolvendo sua ação junto às categorias vítimas das aceleradas transformações impostas pela estratégia capitalista. Seu apoio a Émile Maffre-Baugé, dirigente da viticultura languedociana, é um exemplo dessa política. O partido pensa principalmente que não será vítima dessa difícil, custosa, porém necessária, escolha que acaba de fazer, pois o partido socialista, segundo ele, passa, de maneira mais confusa ainda, por uma tensão análoga. O que o partido comunista não pode afastar de seus pesadelos é a hipótese do partido socialista optar por uma profunda renovação e conseguir tal intento sem enfraquecer-se, pois, nesse caso, o próprio partido comunista ficaria colocado num perigoso isolamento e correria o grande risco de perder uma importante parcela de sua influência eleitoral e política. Ficaria obrigado a escolher entre um isolamento que o reaproximaria da situação anterior a 1936 e da aceitação de um programa de esquerda estabelecido sem ele, o que o reduziria a não mais ser um importante grupo de pressão política, ligado à mais poderosa organização sindical, lutando contra os riscos de uma modernização exageradamente reformista e talvez até mesmo reforçado por elementos mais estatais do partido socialista, porém afastado do poder.

Esses dois pontos de vista não se contradizem. Seu ponto em comum é voltar as costas às ilusões de união da esquerda e do Programa Comum e levar à redefinição das condições de uma aliança necessária entre os comunistas e a esquerda não-comunista. O esfacelamento do modelo socialista chegou a termo no último país que ainda se recusava a reconhecê-lo. O partido comunista escolheu permanecer fiel à facção socialista, socialmente, ideologicamente, internacionalmente. Quanto ao partido socialista, só lhe resta escolher entre dois caminhos: o da transformação e o da confusão, que leva ao apodrecimento.

É inútil tentar voltar atrás. Os intelectuais marxistas que procuraram, desde a ruptura de 1977, reaproximar os irmãos inimigos puderam convencer-se da inutilidade de seus esforços. A polêmica provoca paixões. Os dois partidos apresentarão candidatos rivais na eleição presidencial. A união da esquerda teve sua existência — e com ela, a última tentativa de fazer viver a opinião de esquerda — no mundo ideológico anterior a 1914. Durante os anos do Programa Comum, os intelectuais marxistas saborearam os deliciosos frutos de uma influência que anunciava o triunfo duradouro de uma vitória política. Os intelectuais de esquerda independentes não eram mais ouvidos. O tempo havia parado; viu-se, ainda mesmo em 1977, o programa da esquerda propor uma taxa de crescimento escolhida durante os anos de grande expansão, sem sequer tentar-se justificar esse otimismo tão surpreendente. A velha-guarda ideológica saboreou seus últimos dias felizes. Esse tempo não propiciou grandes vitórias; porém, ao menos, foram orgulho de sua vaidade e mesmo da vaidade nacional. A França ia conseguir o que ninguém houvera feito ou tentado fazer: a união da revolução e da democracia, do centralismo democrático e das regras parlamentares, da ciência da história e da liberdade intelectual. Medíocres alemães, aborrecedores suecos, lastimáveis ingleses, afastai-vos e olhai a classe operária francesa carregando os partidos irmãos ao pináculo da história! Finalmente a França ia demonstrar que ela era, para sempre, a terra eleita do socialismo. Muito mais, que ela ia ser, ao mesmo tempo, o Leste e o Oeste, o Sul e o Norte. A contradição tornava-se ecumenismo; a estratégia, vocação. Tendo-se dissipado a miragem do triunfo, o amor eterno dissipou-se nas brigas domésticas e no odioso divórcio.

Quanto aos comunistas liberais e aos socialistas de esquerda que não cederam à vertigem ideológica e pediram aos partidos que limitassem suas querelas e se entendessem quanto a uma política de justiça social e de liberdade, não puderam fazer ouvir sua voz no estrondo do desmoronamento, mas, politicamente marginais, foram testemunhas da necessidade de novamente dar-se prioridade aos problemas sociais em detrimento das ideologias políticas. A opinião de esquerda não interveio durante toda essa questão. Os partidos não procuraram mobilizá-la, sabendo muito bem que sua unidade era artificial. Nenhum grande comício unitário, nenhuma atmosfera de Frente Popular: uma união cuidadosamente limitada à cúpula. Os próprios eleitores aprovavam a união dos partidos de esquerda e, aliás, não tinham outra escolha a não ser o Programa Comum, ao qual deram seu voto e no qual depositaram sua esperança. Os eleitores aprenderam com tristeza que a união se havia desfeito e retomaram seus trabalhos e suas reivindicações, permanecendo tão simplesmente de esquerda como o é um trabalhista inglês ou um social-democrata alemão. Com efeito, toda essa tentativa era anacrônica. Seu vocabulário tornara-se clerical, seu programa era puro jogo de especialistas e ninguém sabia o que se produziria em caso de vitória. Enfim, a aliança dos dois partidos jamais impedira os ataques dos comunistas contra os socialistas. Interrompidos no início de 1973, reiniciaram-se no decorrer desse mesmo ano, cessaram durante a campanha presidencial de 1974, tornaram-se violentos no final de 1974 e, em 1975, acalmaram-se até o início de 1977, a seguir ampliaram-se antes e sobretudo após a derrota nas eleições de março de 1977. O fracasso da união da esquerda sob o estandarte da velha ideologia socialista do início do século marca o fim de um longo período de ilusões, de impotência e de retórica.

A França entrou, em setembro de 1977, no pós-socialismo. Essa data marca o esvaziamento de todo um modo de pensamento e de ação política. Ninguém da esquerda pode falar dela com o espírito tranqüilo, mesmo os que ficaram reticentes em relação a essa imagem da esquerda ou os que a ela se opunham. O silêncio do luto não foi rompido desde então, e o público se recusa a ouvir rememorarem-se fatos tão recentes e tão dolorosos. Nenhum dos dois partidos pede a seus eleitores e a seus militantes defender outra estratégia que não a da união; ninguém também os conclama a defendê-la. Intelectuais comunistas tentaram abrir um debate: foram repelidos ou ficaram restringidos ao silêncio. Na ala socialista, escolheu-se enfatizar, ao mesmo tempo, o discurso socialista clássico, os ataques contra o partido comunista e os apelos à união. Perfeita estratégia que conforta a equipe dirigente e dá-lhe tempo para escolha de uma estratégia para 1981. É possível que os dois partidos acampem na arena de sua derrota. O partido comunista porque espera que uma crise interna do partido socialista lhe devolva o primeiro lugar na oposição; o partido socialista por simples resistência de uma equipe dirigente, preocupada com os projetos personalistas do desafiador Rocard. Nessa hipótese, a queda da esquerda só tem de agravar-se. Após ter deixado escapar a vitória, a esquerda conhecerá reais derrotas, cuja vítima principal corre o risco de ser o partido socialista. A rapidez de seu renascimento indica sua fragilidade e suas possibilidades de queda. Os especialistas da atual maioria vêem com viva satisfação os partidos de esquerda afundarem-se em lutas que dão sinais de desaparecimento irreversível do modelo político que os unia. Sentem-se mais aliviados, na medida em que a força do governo que defendem consiste na fraqueza de seus adversários. Durante mais de dois anos, 1974 a 1976, a França foi conduzida por Jacques Chirac e Jean-Pierre Fourcade de maneira bastante irresponsável. A partir do outono de 1976, Raymond Barre dá provas de um realismo e de uma coragem que, ele próprio o sabe, apenas retardarão a retirada, evitando que esta se transforme em debandada. Ele jamais formulou projetos ou esperanças; por que repreendê-lo por isso? Seu papel não é o de convencer ou de reformar, mas o de gerenciar com certa prudência a crise, para permitir à ala dirigente da indústria francesa fortalecer-se e desenvolver atividades de vanguarda que lhe permitirão defender as cores nacionais na concorrência internacional. Esse programa de classe, que aumenta necessariamente as tensões e as desigualdades sociais e faz recair nas categorias mais fracas todo o peso das mutações econômicas, não tem qualquer possibilidade de conseguir apoio majoritário do país, como o demonstra a constante impopularidade do primeiro-ministro. Mas este pensa não ter necessidade desse

apoio, não apenas porque não há solução política de substituição, mas também porque a opinião pública se sente cada
vez mais ameaçada por perigos vindos do Exterior e mostra-
se sensível aos apelos presidenciais pela coesão, pelo consen-
so, pela paz interna. Tudo isso desencadeia uma profunda degradação dos mecanismos democráticos que pode facilmente
abrir caminho para uma política repressiva mais diretamente
ligada ao seguinte objetivo prioritário: a modernização da classe dirigente. A fraqueza da esquerda contribui para essa degradação da democracia, para a adoção de um modelo elitista e centralizador de mudança, cujos custos sociais e humanos são muito onerosos.

O partido acomoda-se à situação, pois ela não lhe parece ameaçar sua organização e sua base eleitoral. Falta ainda
considerar não a futura ação do partido socialista, mas, mais
indiretamente, os possíveis roteiros em função dos quais ele
vai agir. Paremos o tempo, esqueçamos as escolhas feitas e
a fazer.

Primeiro roteiro

Os três roteiros que vão ser apresentados não correspondem a tendências distintas; dois deles têm, aliás, a mesma personagem principal. Eles representam três maneiras de se escapar dos escombros do modelo socialista: o primeiro, mais improvável; o segundo, clara e voluntariamente; o terceiro, por
uma reviravolta inesperada da situação. Pode-se imaginar que
eles se combinam na história política. São, entretanto, bastante diferentes um do outro para que o fato de se lhes opor-
mos possa ajudar a compreender a confusão que reina no partido socialista que, sem o querer e sem o saber, é hoje o local
em que a carreira histórica do modelo socialista deve completar-
se e onde uma nova expressão política da esquerda pode
formar-se.

Um outro roteiro deve ser deixado de lado: o de uma campanha presidencial desenvolvida por François Mitterrand, que
se apoiaria na maioria de Metz e no Projeto Socialista elaborado por Jean-Pierre Chevèement. Esse roteiro levaria a uma

derrota tão dolorosa que François Mitterrand não imporia final assim desastroso à sua brilhante carreira política. As ilusões dos dirigentes do CERES não durarão muito tempo: essa ala, que abandonou sua inspiração autogestionária em favor de seu espírito revolucionário e principalmente de uma ambição política, não tem mais nenhuma significação, de maneira que carece de força para opor resistência a François Mitterrand que em tudo se distancia dela. Nada impedirá que o velho discurso socialista morra, e o fato de ser apenas um instrumento a serviço de ambições pessoais apressará sua morte.

O primeiro roteiro permanece próximo da situação atual. O partido socialista, assim que superar as dificuldades internas que sobrevieram às eleições de 1978, não pode evidentemente perseverar na ideologia nacional-produtivista na qual se compromete o discurso do CERES. Como não se trata também de retomar as fórmulas ecumênicas do Programa Comum, o único caminho livre é o mesmo escolhido pelo partido comunista, ou seja, o da denúncia da impotência governamental, denúncia das conseqüências da crise econômica, denúncia das desigualdades sociais. Esse caminho constitui um programa estritamente defensivo e não pragmático como o que acabamos de mostrar. Com efeito, uma ausência de programa e a confiança no desejo de mudança de um eleitorado de ora em diante convencido de que a atual maioria é incapaz de superar a crise, não têm outro objetivo que o de fazer retardar os efeitos dessa crise e preparam um futuro de desemprego muito acentuado e de queda de nível de vida. Esse programa defensivo não teria de se preocupar com inovações e muito menos com uma abertura aos novos movimentos sociais e com seus projetos. Ao contrário, deveria empregar o vocabulário clássico das lutas operárias, deveria denunciar as contradições do capitalismo e, principalmente, apregoar as numerosas nacionalizações que significam, antes de tudo, a preservação dos empregos graças a subvenções governamentais. Este roteiro implica a formação de uma forte ala de apoio a François Mitterrand, dando a este uma nova dimensão — a de um populista de esquerda, em conformidade com uma tradição sempre mais ou menos presente na vida política francesa.

O partido socialista e seu candidato se apresentariam então como expressões da ala unitária, daí para frente privada de perspectiva política pela retratação do partido comunista. A principal força desse roteiro consiste no recurso a um dirigente experimentado e a um programa centrado no fortalecimento do Estado e de sua intervenção na vida econômica. O partido socialista não invocaria uma grande participação popular, da mesma forma como não mais conclama a extinta união da esquerda; contentar-se-ia em pedir confiança, em prometer segurança e em atacar os ricos. Deixaria alguns intelectuais contarem os altos feitos passados do movimento revolucionário, dirigindo-se não aos ideólogos, mas aos administradores, os quais poderiam ser seduzidos pela perspectiva de receber mais encargos e mais poder nas empresas e agências nacionais. François Mitterrand, de bom grado, recorreria ao patriotismo dos eleitores, apresentando-se como o candidato da reconstrução nacional, o que poderia, espera ele, convencer parte do atual eleitorado do RPR, hostil ao tom burguês do regime giscardiano. Tudo isso supõe reduzir ao mínimo possível os debates sociais e culturais, que seriam afastados por serem considerados confusos e secundários, no momento em que a população, dir-se-á, exige antes de tudo uma luta imediata contra a inflação e o desemprego.

Este primeiro roteiro esbarra em duas importantes dificuldades. A primeira advém do partido comunista. Não vemos por que ele consentiria com esse *one man show*; porque, após ter recusado uma vitória comum, asseguraria a vitória dos socialistas. A campanha que já empreendeu contra o partido socialista torna pouco provável e tornaria pouco plausível uma dobradinha Marchais-Mitterrand no momento da eleição presidencial. A segunda é que tal candidatura deveria logicamente levar os novos movimentos sociais a buscar uma expressão política independente. Isto era impossível em 1978 quando os ecologistas se engajaram numa causa de antemão perdida, já que a França ainda estava pensando que a vitória balançava entre os dois campos. Mas a divisão da esquerda e sua derrocada podem criar uma situação diferente, a partir do momento em que a vitória do candidato da direita parecesse facilitada e a união dos partidos de esquerda, impossível. Nessas condições, perguntar-se-ão muitos, por que não expressar nossas idéias diretamente, já que tal atitude não comprometeria uma impossível vitória da esquerda? As eleições europeias, das quais os ecologistas participaram em péssimas condições, mostraram que poderiam ter ultrapassado 5% dos votos com muita facilidade. Se conseguirem convencer outras correntes de opinião a juntarem-se a eles, se tiverem um candidato eficaz e, sobretudo, se a vitória de Giscard d'Estaing mostrar-se provável, eles podem conseguir um resultado que, mesmo permanecendo fraco, retiraria da tentativa pessoal de François Mitterrand qualquer possibilidade de triunfo. Este poderia até mesmo perder uma parte de sua vantagem sobre o candidato comunista, pois o candidato dos novos movimentos sociais retiraria muitos votos dos socialistas, um certo número dos giscardianos e pouquíssimos dos comunistas.

Semelhante candidatura responderia a uma necessidade sentida em numerosos lados. Os ecologistas querem fazer-se ouvir e estão encorajados com o sucesso dos "verdes" na Alemanha. Os principais movimentos regionais ficaram decepcionados com sua aliança com a esquerda unificada e desejam fazer-se conhecer de maneira mais autônoma. As organizações femininas refletiram sobre o fracasso das candidatas do *Choisir** em março de 1978. Por outro lado, o PSU, que não tem mais existência de fato, tenta, sem grande sucesso, apropriar-se da influência dos novos movimentos sociais; pode, portanto, ser facilmente neutralizado por eles. Ao contrário, os partidos esquerdistas clássicos permanecem presentes, o que liberaria essa nova candidatura do pesado apoio de militantes extremamente doutrinários.

Segundo roteiro

O segundo roteiro verossímil consiste na transformação do partido socialista em partido democrático. Exclui-se a possibilidade de vir a ser um partido social-democrata, pois este, por definição, é a expressão política de um poderoso e unificado sindicalismo. Mesmo que se esteja confiante nos progressos da unidade sindical, esta não pode tornar-se, rapidamen-

---

* *Choisir:* partido de esquerda francês de linha alternativa; essa palavra significa *escolher*. (N.T.)

te, forte o bastante para conduzir a ação política da esquerda. A presença de um importante partido comunista condena, por si mesma, qualquer tentativa social-democrata. Por partido democrata entendo, ao contrário, uma definição puramente política, ou seja, o que todos chamam de esquerda. Por abertura com relação aos movimentos sociais entendo, muito mais do que objetivos precisos, uma transformação daquilo que Pierre Rosanvallon e Patrick Viveret chamam de cultura política da atual esquerda com sua imagem centralizadora, doutrinária e economista da ação política. Essa dupla mudança pressupõe duas outras transformações. Primeiramente, considerar a economia como um conjunto de opressões difíceis de superar, mais do que o terreno em que se exerce uma soberana vontade planificadora, o que rompe com a fé socialista no desenvolvimento das forças produtivas e no aumento do consumo, ou seja, o principal dogma dos ideólogos da coexistência pacífica. Em seguida, reduzir o papel do partido político ao de agente político intermediário que não deve ser identificado nem com a opinião pública, nem com os movimentos sociais que lhe dão vida, nem com o Estado. Tudo isso mostra o que deveria vir a ser um partido socialista para que os novos movimentos sociais pudessem agir por seu intermédio. Solução aos movimentos fracos, dispersos, ainda repletos de utopia e muito longe de poderem responder a todas as obrigações de um partido político.

Esse tipo de solução política não pretende corresponder estritamente às exigências permanentes de uma sociedade programada, mas situa-se no âmbito dessa sociedade, no sentido de que subordina a ação política aos movimentos sociais. Da mesma maneira, situa-se num tipo de desenvolvimento democrático e não estatal, já que separa do Estado os partidos políticos e os movimentos sociais. Prepara, com efeito, a eleição de um presidente de esquerda propiciada por ampla corrente organizada por um partido, mas que não é representante direto nem de uma doutrina nem de um aparelho e não poderá, portanto, confundir as forças sociais de oposição com o exercício do poder de Estado.

Podemos dar-lhe o nome de "roteiro Rocard". Não porque resuma as intenções de Michel Rocard, mas porque corresponde às idéias e expectativas daqueles que estão mais dispostos a apegar-se a ele e que aceitam as quatro seguintes orientações: pragmatismo do partido, abertura aos novos movimentos sociais, realismo econômico, ampliação da democracia. Os adversários dessa corrente dizem que ela se situa na ala direitista do partido socialista, porque atrai uma parte do eleitorado centrista; seus partidários situam-na, ao contrário, em sua ala esquerdista, já que tem o apoio de antigos membros do PSU, de sindicalistas e de muitos dos que invocam maio de 1968 e porque ela é estranha ao nacionalismo de Jean-Pierre Chevènement. Esses julgamentos opostos são igualmente falsos: essa corrente responde sobretudo à necessidade de avanço, de mudança de século, de abandono das referências a uma ideologia herdada da sociedade industrial.

Este roteiro pressupõe, pois, uma verdadeira mutação do partido socialista, que deveria aceitar renunciar à idéia de ser um Grande Partido, que seria ao mesmo tempo força política, agente de classe e depositário do pensamento socialista, para tirar todas as conseqüências da transição para uma política de massa, transição essa imposta pela eleição do presidente por meio do sufrágio universal. É por isso que os dirigentes do partido socialista se opõem a esse roteiro, ao qual podem juntar-se militantes regionais e que têm a simpatia do eleitorado.

O "roteiro Rocard" corre o risco, como os outros dois, de fracassar ante a oposição do partido comunista. Entretanto, é o que tem mais oportunidade de triunfar sobre essa oposição. Por um lado, porque uma diferenciação acentuada dos dois partidos poderia ser a melhor solução para os comunistas. O partido comunista faz absoluta questão de permanecer como o partido da classe operária e está preparado para ver em Michel Rocard um representante da pequena burguesia progressista e até mesmo modernizadora. Ora, quando o partido comunista acusa o socialista de estar escorregando para a direita, está expressando mais um desejo do que um temor: nada o incomodaria mais do que um partido socialista que viesse ciscar em seu terreno, e os esforços do partido socialista em criar seccionais nas empresas o irritaram profundamente. Um acordo com Rocard poderia parecer-lhe estar se criando uma relação de complementaridade mais do que de concorrência. Por outro lado, esse roteiro é o mais adequado a de-

EM BUSCA DE UMA EXPRESSÃO POLÍTICA   197

sencadear um grande movimento de apoio da opinião pública, entenda-se, entre os eleitores comunistas, e a obrigar o partido comunista a aceitar uma aliança que seria então sua única garantia contra um isolamento cujas conseqüências lhe seriam fatais.

Esse roteiro esbarra, entretanto, em um problema de difícil solução: François Mitterrand constituiu uma maioria e permitiu que se adotassem textos que contradizem formalmente a orientação desse roteiro. As disputas pela sucessão agravam essa fragilidade de Michel Rocard. Por grandes e pequenos motivos, o estado-maior socialista oferece resistência a este roteiro e será difícil para a candidatura de Michel Rocard angariar a adesão da grande maioria dos caciques socialistas. Alguns deles acenarão até mesmo com a ameaça de sua saída. Resta saber se será possível desenvolver-se um rocardismo sem Rocard e, mais precisamente, se François Mitterrand poderá retomar os temas de seu jovem rival após tê-lo reduzido ao silêncio. É este aspecto que definirá o terceiro roteiro que analisaremos.

Alguns já apregoam que um partido socialista rocardiano se desligaria da união da esquerda e se aproximaria de Valéry Giscard dEstaing, que estaria disposto a fazer-lhe grandes concessões para realizar o grande projeto de sua presidência: organizar o revezamento entre uma direita e uma esquerda igualmente moderadas. O roteiro Rocard seria, portanto, antes de tudo, o do abandono da união da esquerda. Esta hipótese é tão irreal quanto a de uma aliança nacionalista do RPR e do partido comunista ou de uma aliança populista entre o PS e o RPR. Quanto mais os partidos se distanciam das antigas lutas doutrinárias e sociais, mais se fortalece a oposição entre a direita e a esquerda em detrimento dos conflitos que opõem, tanto à direita como à esquerda, aqueles que dão prioridade aos problemas da sociedade contra os que a atribuem aos problemas do Estado. Um partido democrata se oporia a um partido republicano, para empregar uma terminologia americana, menos mal adaptada à França do que a utilizada nos países social-democratas. A direita já fez progressos em direção à sua reunificação ou unidade de ação. O grande ataque feito por Jacques Chirac, na sua conclamação de Cochin, não atingiu seu objetivo; o RPR sofreu uma grave derrota nas eleições européias e a metade ou mais de seus eleitos são mais conservadores do que nacionalistas. Michel Debré, figura de proa da direita nacionalista e legalista, detém uma parcela muito insignificante do eleitorado. Esta é a própria vantagem atual da direita sobre a esquerda: há cinco anos a esquerda estava unida e a direita, dividida; agora, a esquerda é que está desunida, enquanto que, na direita, os liberal-conservadores ganharam uma vantagem decisiva sobre os nacional-conservadores. O roteiro Rocard contém, certamente, portanto, um confronto direto com Giscard d'Estaing e sua coligação liberal-conservadora. Nenhum dirigente socialista pode encarar uma mudança total de estratégia que seria recusada pela grande maioria dos membros desse partido. Neste ponto, nada diferencia os roteiros entre si.

Terceiro roteiro

Seria, então, necessário concluir, já que o primeiro roteiro conduz ao fracasso e que o segundo é combatido pela direção do partido socialista, que a vitória de Valéry Giscard d'Estaing é inevitável e que a esquerda, que até ontem reunia a maioria dos sufrágios, vai conhecer uma das mais dolorosas derrotas de sua história? Esta hipótese está tão presente no espírito de todos que desencadeia um terceiro roteiro, que não teria nenhuma verossimilhança se não despontasse, para muitos dirigentes socialistas, como o derradeiro recurso contra a catástrofe iminente. Consiste na completa neutralização do partido socialista, de sua maioria e de suas atuais orientações, por François Mitterrand, que se comprometeria totalmente numa campanha tão indiferente ao Projeto Socialista atual quanto o fora sua campanha presidencial de 1974 ao Programa Comum da esquerda. Demitindo-se de suas funções de direção do partido socialista, onde poderia ser substituído por Lionel Jospin, seu fiel vice, mas cujas idéias e cultura política estão distanciadas das do CERES, ele exigiria a sagrada união de todas as tendências do PS, de modo a reduzi-las todas ao silêncio. Mitterrand não tem motivo para inquietar-se com as reações do CERES que não tem nenhuma base na opinião,

EM BUSCA DE UMA EXPRESSÃO POLÍTICA

e a imensa maioria dos militantes, encabeçada por Pierre Mauroy, só espera este apelo unanimista pela mobilização em torno de um homem. O próprio Michel Rocard não poderia opor-se a esta solução; no máximo, poderia apoiá-la com apatia. A personalidade de François Mitterrand, suas qualidades de candidato, o apoio da mídia, tudo isso poderia apagar rapidamente as marcas da confusão e do enfraquecimento do partido socialista durante o período 1977-1979. O próprio partido comunista poderia ser levado a aceitar esta solução, se estivesse convencido de que um quarto ou um terço de seus eleitores dariam seu voto, desde o primeiro turno, ao candidato de esquerda mais bem colocado. Os ecologistas e outros candidatos independentes perderiam sua força assim que a candidatura de François Mitterrand se tornasse plausível, distanciada dos problemas internos do partido socialista. Esta estratégia tem muitos aspectos que podem seduzir Mitterrand. É-lhe impossível arriscar-se a um grave fracasso, mas também o é retirar-se agora e entregar às suas dissensões internas o partido que ele reconstruiu.

O caráter paradoxal desse roteiro é evidente. François Mitterrand, que cada vez mais adota a retórica socialista, reintroduziu o CERES na maioria e condenou duramente os intelectuais que renovam o pensamento de esquerda, tornar-se-ia ele próprio o artesão da transição para o pós-socialismo e da liquidação de um ideário e de um partido com os quais se identificou por quase dez anos. A resposta parece simples: seria um ano de tantos engodos, do congresso de Metz a esse tipo de candidatura, que essa reviravolta chocaria muitos eleitores e retiraria do candidato Mitterrand parte de sua força de atração. É claro que ele não ignora isso, mas existe um argumento contra essas objeções: a própria direita está em decomposição. Jacques Chirac não pode derrubar o governo, mas pode enfraquecê-lo e a parte do eleitorado gaullista que, suficientemente irritada com a política de Giscard e de Barre, pode dar seus votos a um François Mitterrand que faria uma campanha claramente social-democrata e até mesmo anticomunista. Pensemos no recente embate entre Mitterrand e Chirac. A lógica interna desse roteiro o leva, pois, para um cartel dos não, para uma coligação antigiscardiana, ultrapresidencialista e para uma completa neutralização dos temas e forças que hoje dominam o partido socialista.

A esquerda socialista que sempre recusou, horrorizada, um Bad Godesberg francês, vai preferir a ele um gaullismo de esquerda? Pode-se pensar que alguns eleitores hesitam em seguir um candidato do qual não sabemos mais se caminha na direção do Programa Comum ou na direção oposta, se representa as forças populares ou se só valoriza sua própria imagem pessoal, independente de qualquer definição partidária. Entretanto, esse roteiro, porque se define pela ruptura de François Mitterrand com a atual orientação do partido socialista e mais ainda com a orientação do Programa Comum, pode atrair todos aqueles que desejam — e são numerosos — antes de tudo a vitória da esquerda, qualquer que seja ela. No entanto, uma mudança tão brutal de convicções, de programa e de organização torna muito improvável a vitória.

Todos esses roteiros conduzem a uma única conclusão: o modelo socialista não tem mais nenhuma eficácia política. O roteiro I, que está mais próximo dele, conduz à catástrofe eleitoral. Os roteiros II e III só se distinguem um do outro nas maneiras, diferentes, de se entrar no pós-socialismo: o roteiro Rocard, pela substituição de uma geração e de uma concepção da ação política por outras; o roteiro Mitterrand, pela submissão à instrução realista de Clóvis: queimem o que adoraram. Já estamos, pois, no pós-socialismo.

Fim do tudo-político

Olhemos agora para além das eleições de 1981. A representação, desvinculada dos novos movimentos sociais e das novas correntes de opinião, reforçar-se-á ou, ao contrário, dispersar-se-á assim que a eleição presidencial tiver terminado? Os ingleses viram os trabalhistas crescerem paralelamente aos liberais, e a seguir, substituí-los, tornando-se um dos dois principais partidos. Será que, num futuro próximo, uma nova força política substituirá os partidos de inspiração socialista, aproveitando-se da crescente presidencialização do regime, da influência da mídia, do definhamento das antigas formas de ação política e do aparecimento de novas formas de participação política? A mudança de sociedade deve, normal-

mente, desencadear, como aconteceu no despontar da sociedade industrial, completa transformação do cenário político?
Após ter novamente questionado a ideologia socialista, será
necessário desfazer-se de seu subproduto, ou seja, a oposição
entre a direita e a esquerda, e imaginar um sistema de forças
políticas completamente novo?

Essa tentação é grande, mas é preciso resistir a ela. Em
primeiro lugar, porque a recusa em colocar-se à esquerda vem
tanto da ultra-esquerda como do centro, mistura tão contraditória que rapidamente conduz ao desbaratamento. Em seguida, e principalmente, porque uma força política deve, numa democracia, representar atores sociais. O fato de ter uma
grande autonomia, de servir a interesses sociais bastante diversificados, não a impede de se situar no âmago de uma sociedade de classes. Aqueles que acreditam poder ficar com um
pé cá outro lá, na fronteira que separa os dominantes dos dominados, ou vivem numa confusão que rapidamente os des-
truirá, ou se fecharão na posição do radicalismo da III República ou do MRP* da IV e acabarão, como eles, por se colo-
carem a serviço dos dominantes.

O essencial é a formação de novos movimentos sociais
e a subordinação das forças políticas à sua fundamental orientação. A tentação de criar um movimento político corre o risco tanto de destruir movimentos sociais ainda confusos e frá-

---

* Movimento Republicano Popular, partido político francês fundado em novembro de 1944, inspirado nos princípios da democracia cristã e herdeiro do partido
democrata popular, anterior à guerra, cuja ambição era constituir uma terceira força entre os partidos marxistas e o conservadorismo. Seus chefes associavam o apego
à democracia política com idéias econômicas e sociais avançadas: eram favoráveis
a um certo dirigismo econômico como paliativo aos excessos do capitalismo, à nacionalização das empresas de interesse público, a um fortalecimento do papel dos
sindicatos, a reformas familiares e sociais. Mas, desde as eleições de 1945/1946,
manifestou-se uma nítida separação entre seus dirigentes e seu eleitorado, composto
essencialmente por católicos moderados que, não podendo votar nos antigos partidos de direita, vítimas de expurgo, votavam no MRP como forma de derrotar o marxismo. Nessa época, ao constituir-se como o "partido da fidelidade" ao general de
Gaulle, viu seu inspirador criar o RPF (Reunião do Povo Francês), em 1947, e perdeu numerosos eleitores. Depois de ter sido, juntamente com os socialistas e os comunistas, um dos três pilares do *tripartismo* (de janeiro de 1946 a maio de 1947),
o MRP conseguiu manter-se quase constantemente no poder até o fim da IV República, governando ora com os socialistas, ora com os moderados (cf. MOURRE, M.
Dictionnaire Encyclopédique dHistoire. Paris, Bordas, 1978, vol. K-M, p. 3058). (N.T.)

geis, como de criar a perigosa ilusão de uma completa independência da ação política em relação às forças sociais. Intervenções políticas em novos moldes, principalmente a dos ecologistas, são indispensáveis para forçar a porta do castelo onde a esquerda dos partidos enclausura a opinião popular. Mas, assim como o movimento operário não se formou, no século passado, nos parlamentos, mas nas fábricas, da mesma forma é preciso hoje dar prioridade à ação social de base em detrimento da intervenção no campo político. Se o partido socialista for capaz de operar sua mutação em partido democrático, é preferível que os militantes ecologistas, regionais ou feministas se dediquem inteiramente à coordenação de lutas sociais e culturais; se, em troca, o partido socialista mostrar-se incapaz dessa mudança, será melhor que uma recusa em votar-se nos velhos aparelhos ponha fim à inacreditável tentativa ''retrô'' que paralisa a esquerda e faça surgirem forças de oposição social que exijam nova expressão política e atraiam, portanto, um renascimento da esquerda.

Hoje em dia, os novos movimentos sociais ainda não estão verdadeiramente constituídos; não tiveram ainda tempo para transformar-se em força política permanente; não têm a necessária organização para conseguir isso. E, principalmente, a fusão de movimento social com partido político só pode significar subordinação do primeiro ao empreendimento de conquista do Estado. Ora, num país como o nosso, o que a sociedade programada tem de introduzir é a limitação do papel dos partidos políticos, o fim do ideal de um Grande Partido, o declínio das ideologias políticas e a predominância dos problemas sociais e culturas sobre os problemas políticos. O papel do Estado, na atual situação, é fazer manobras num perigoso ambiente internacional; o papel dos partidos políticos é ampliar a democracia; o papel dos movimentos sociais é lutar contra a tecnocracia. No nosso tipo de sociedade democrática, tudo leva a desejar uma autogestão dos movimentos sociais, sua não-submissão a partidos políticos e menos ainda a seus ideólogos dirigentes. Os últimos vinte anos foram dominados pelo ''tudo-político''. A cultura geral dos estudantes não era mais literária ou filosófica, mas política e, na verdade, ideológica, bastante distanciada da vida operária. Forma extrema de decomposição da ideologia socialista que, em seu despontar, queria dar prioridade ao conhecimento e à transformação da condição operária. A progressiva entrada num novo tipo de sociedade tem de fazer com que as idéias se reconstruam, tem de fazer com que, novamente, se dê prioridade à experiência social e cultural em detrimento da representação política e dos discursos ideológicos. Eis por que aqueles que gostariam de criar rapidamente um Grande Partido, coordenado por militantes dos novos movimentos sociais, incorreriam nos erros dos esquerdistas e tornar-se-iam rapidamente imitadores de um passado extinto. Deixemos, em vez disso, que uma distância a maior possível separe os movimentos sociais de sua expressão política, a fim de que aqueles se fortaleçam e preponderem sobre esta.

Mas é preciso inicialmente quebrar o monopólio dos partidos que se arrogam a ideologia socialista. A melhor maneira de conseguir tal feito não seria fazer com que os movimentos sociais, reagrupados em torno do mais amplo e do mais central deles — a ecologia política — conseguissem fazer arrebentar as combinações entre partidos que não levam em consideração as novas demandas da opinião pública? No decorrer dos anos 60, a opinião parecia ter-se libertado de idéias herdadas. Durante os anos 70, ao contrário, os partidos estabeleceram uma dominação quase absoluta sobre a opinião de esquerda. Hoje, a opinião se desliga de partidos que fracassaram, muitas vezes, retirando-se da vida política e retomando negócios particulares; talvez até mesmo esperando que uma nova imagem de engajamento político se defina. O atraso do pensamento e da ação política, as ilusões dos ideólogos, o peso das forças que se opõem à transformação do partido socialista, tudo indica a necessidade histórica de uma ruptura. A esquerda não pode mais identificar-se totalmente com os partidos tradicionais. Mesmo que o partido socialista, como acredito, continue sendo a principal força da esquerda política, ele tem de, no mínimo, ser compelido a mudar. É preciso, sobretudo, que a ação política deixe de ser propriedade dos estados-maiores e dos príncipes da política, para novamente tornar-se serva dos atores sociais. Vendo erguerem-se em torno de nós Estados poderosos que empreendem a transformação de seus países a passos forçados, sentindo ameaçada a nossa antiga hegemonia, que nos poupava criar um estado totalitário no interior de nossas fronteiras, somos tentados a considerar nefasta a submissão da opinião aos partidos e do partido ao Estado, como se toda participação política consistisse em aderir-se a um programa governamental. É preciso romper com essa estatização da política, consolidar e reforçar a existência dos movimentos sociais; a seguir, organizar partidos políticos cuja principal tarefa seja ampliar a democracia; enfim, recolocar o Estado em seu devido lugar, ou seja, na gestão do porvir. Isto faz com que se deseje um presidente que tenha suficiente independência dos aparelhos ideológicos, liberado de qualquer espírito doutrinário e diretamente escolhido pela opinião pública.

Tudo isso se opõe ao velho modelo socialista, que constantemente defendeu a prioridade do partido político, de um lado, sobre os movimentos sociais e, de outro, sobre o Estado. Pelo fato de sua figura central nunca ter sido esse ou aquele indivíduo, mas o partido, é que se tornou social-democrata ou comunista. A ordem social e a ordem estatal distanciam-se hoje uma da outra e libertam-se ambas da ordem propriamente política. Os novos movimentos sociais não se subordinam a um partido, e o Estado, assim que desaparecer a hegemonia mundial do capitalismo europeu, afastar-se-á do campo propriamente político para se consagrar aos problemas internacionais, principalmente aos do desenvolvimento e da concorrência econômicos. Na França, a eleição do presidente da República pelo sufrágio universal acelerou essa separação da ordem política e da ordem estatal. A fortíssima imagem da política e do partido foi substituída pela imagem de instituições políticas que desejamos principalmente representativas, submissas às necessidades dos cidadãos, correndo até mesmo o risco de se deixarem invadir por grupos de pressão.

Assim como a figura do Grande Partido era perigosa para a democracia, o fortalecimento do Estado ''regalista'' é inofensivo, com a condição de que os movimentos sociais sejam ativos e as instituições, representativas. Um país como a França, rico demais para lançar-se impetuosamente na mudança e fraco demais para impor sua vontade sobre um império, não pode arriscar-se com uma política liberal que colocaria a sociedade na dominação da classe dirigente, e muito menos pode arriscar-se com um Estado ditatorial. Por um lado, a França tem necessidade de reformas e, por outro, de um Estado não administrativo, não burocrático, mas que defenda a coletividade nacional e seu futuro contra interesses particulares a curto prazo. Às vezes, é tentador, contra a massacrante tradição estatal, apelar para uma política liberal-libertária. É uma ilusão à qual as forças políticas da esquerda deverão resistir. Os movimentos sociais devem ser contestadores, os partidos devem ser democráticos, o Estado deve assegurar a paz e preparar o futuro: estes três aspectos da vida política são igualmente indispensáveis e devem permanecer autônomos uns em relação aos outros.

Nada distancia a maioria dos socialistas dessa concepção de vida política. Será que todos nós conseguiríamos concretizá-la mais rápido se, finalmente, a esquerda francesa, ano após ano, fosse rompendo com um modelo ultrapassado, não simplesmente para passar da revolução às reformas, mas do século passado para o nosso?

DESPERTAR

De um movimento social para outro

Relembremos a análise que fizemos do movimento socialista. Este se assenta sobre três princípios: é a representação política do movimento operário; conclama a intervenção do Estado contra a propriedade privada dos bens de produção; pensa estar caminhando no sentido da história e estar preparando futuros dias de felicidade. Hoje, ao contrário, os movimentos sociais que surgem em diferentes domínios não mais são formas de defesa dos trabalhadores contra os patrões da indústria, mas de defesa do público contra os organismos de administração que têm o poder de modelar a procura em função de seus interesses; não invocam mais a intervenção do Estado, reivindicando, ao contrário, a autonomia e a autogestão das unidades sociais de base; enfim, não falam mais em progresso e porvir radiante, mas querem organizar, a partir de hoje, uma vida diferente, agindo sobre as escolhas sociais e políticas que regem a produção da organização social.

No modelo socialista, principalmente, o movimento operário estava subordinado à ação política que, por sua vez, estava submetida a uma teoria da sociedade, enquanto que os novos movimentos sociais pretendem ser independentes das forças políticas e criar por si mesmos seu próprio significado, em vez de, para tanto, submeter-se a intelectuais e a aparelhos. Hoje, como ontem, os homens fazem sua história, mas agora sabem que a fazem. Sabem também que sua ação não desembocará na mudança, progressiva ou abrupta, do reino da necessidade para o reino da liberdade. Nunca haverá paraíso reencontrado ou fim da história.

O que nos impede de reconhecer essas transformações é que, pouco a pouco, impôs-se uma imagem do movimento operário como conjunto consciente e organizado, como vontade coletiva identificada a um programa e a uma organização. O partido comunista sempre disse "a classe operária e seu partido", soldando uma a uma essas palavras. Ao contrário, os novos movimentos sociais ainda estão carregados de múltiplas, e até mesmo contraditórias, significações. Fala-se do movimento operário como historiadores falam de uma grande personagem histórica, enquanto que os novos movimentos sociais ainda não reconhecem em si mesmos o que é que os une e define seu principal campo de ação. Ainda há uma grande distância entre sua ação defensiva e sua capacidade contra-ofensiva.

Os que falam com desconfiança dos novos movimentos sociais, em nome do movimento operário, neles vêem ou manobras defensivas de uma pequena burguesia em declínio, ou ideologia de uma nova classe dirigente modernizadora. Essas críticas serão úteis se ajudarem a distinguir, num movimento social, comportamentos de crise que nele se misturam; serão injustas se impedirem que se perceba o trabalho feito por esses movimentos, principalmente a ecologia política, para integrarem os diversos elementos que os compõem e conquistarem dimensão comparável à do movimento operário. Já saímos da fase utópica que precede a formação dos movimentos. A crise da sociedade industrial inicialmente provocou dúvida, medo e retraimento. A recusa do crescimento desordenado fez surgir um contramodelo orientado pela procura do equilíbrio e da convivência. Essa enorme volta à comunidade, associada a ideologias antimodernistas, não poderia durar muito tempo, uma vez que, à crise dos valores industriais se acrescentava a crise da própria economia e a ascensão do desemprego. Opondo-se sociedade técnica e sociedade de convívio, esquecia-se do essencial — o reconhecimento da relação conflitante cujos adversários se contrapõem face a face. Tanto a sociedade de convívio quanto o apelo à identidade pessoal e coletiva são componentes extremamente defensivos

DESPERTAR 211

de um novo movimento social: o que lhes falta é a capacidade de definir seu adversário e o objetivo pelo qual se batem contra esse adversário.

A ideologia socialista em declínio mantém enclausurada a idéia da luta das classes, identificando-a com a forma que tomou na sociedade industrial, se bem que as novas contestações são inicialmente levadas a esquecer a existência das lutas sociais; essas contestações bastam-se na enfatização de valores e na defesa de uma comunidade. Urge fazer reviver a principal contribuição do pensamento marxista, replantando-a em terras novas. Os militantes antinucleares são os primeiros a ir além da defesa de uma contracultura e a determinar seu adversário, a tecnocracia nuclear, criando, desta forma, a ecologia política, vanguarda dos novos movimentos sociais.

Se este livro se posicionou, antes de tudo, contra a ideologia socialista, quer também afastar as ilusões da contracultura. O século do socialismo terminou; o decênio da contracultura também. É preciso, agora, ocupar-se do essencial: a formação de novos movimentos sociais que ataquem a tecnocracia, nova classe dirigente, e proponham, em particular, outro modo de utilização social do conhecimento. A grandeza do Movimento de Maio continua sendo a de ter percebido, pela primeira vez, o novo campo de batalha, onde encetou os primeiros combates, mesmo que tenha, ao mesmo tempo, realizado tarefas de retaguarda. Os antinucleares são os herdeiros diretos de maio de 68, mas o movimento das mulheres, os movimentos regionais ou nacionais também estão voltados para essa luta antitecnocrática, que é o que define o novo movimento social.

O problema político

Os novos movimentos sociais discutem o próprio princípio da dominação social. Sua ação não pode ficar subordinada a partidos ou a filosofias da história. A primeira condição para uma renascimento político da esquerda é, portanto, a rejeição do Grande Partido, ou seja, aquele que fala em nome de um classe e, ao mesmo tempo, em nome da ciência e da história. Nos países social-democratas, o Grande Partido, pouco a pouco, se enfraqueceu, tornou-se coligação eleitoral e, em seguida, força de sustentação de um governo. Na França, esse desgaste não se produziu, já que a esquerda quase sempre se manteve distanciada do poder, de maneira que o partido comunista e também o partido socialista são muito mais do que forças propriamente políticas: são verdadeiras Igrejas a serviço do proletariado e do futuro. É verdade que sua influência intelectual e social diminuiu muito, mas ainda é necessário que aceitem um duplo retrocesso. Primeiramente devem renunciar à condução dos movimentos sociais e, em particular, daquele que, sem dúvida, é o mais forte, isto é, o sindicalismo operário. A independência sindical é um objetivo primordial que orienta a transformação política da esquerda. Esse objetivo é bem mais realista do que se possa pensar. A independência da CFDT em relação ao partido socialista é um dos aspectos mais encorajadores da sociedade francesa. Quanto à CGT, se sua política está subordinada à do partido comunista, que ela jamais critica, a ação de seus militantes nas empresas é, antes de tudo, resposta direta à política patronal e expressão do descontentamento dos trabalhadores. O declínio do socialismo deve permitir o livre desenvolvimento do sindicalismo, cujo papel permanece muito limitado e cujo fortalecimento é indispensável à transformação da condição operária.

Por outro lado, os partidos devem parar de se comportarem como Estados em potencial. Temos necessidade, em épocas difíceis, de um Estado capaz de grandes decisões; mas, na França, somos vítimas de um Estado administrativo, que paralisa a vida social e enfraquece sua própria capacidade estatal. Separemos distintamente o que é domínio do Estado do que é domínio da sociedade e atribuamos aos partidos, antes de tudo, um papel de reforma da sociedade civil, de ampliação da democracia. François Luchaire, em recente artigo do *Le Monde*, sugeriu que o Estado deixasse de dirigir e de controlar o sistema judiciário: este é o que deveria ser um dos principais tópicos de um programa democrático.

O partido comunista não pode aceitar renunciar a nenhum desses aspectos: partido-classe e partido-Estado por definição, jamais será mero ator do sistema político. Entretanto, será muito necessário que se adapte ao sistema democrático; porém sua influência apenas atrasa as transformações necessárias. Deixa entrever que, se estivesse suficientemente seguro de permanecer redondo, aceitaria tornar-se quadrado. O partido comunista representa a versão estatal da tradição socialista; ora, trata-se, agora, de inventar uma esquerda pós-socialista e antiestatal. Isto deverá acontecer com o partido comunista, mas não pode vir a acontecer por sua própria iniciativa. Ele se preocupa com a transformação da vida política e tem como objetivo central muito mais seu próprio fortalecimento do que a transformação da sociedade.

O partido socialista escolheu, concomitantemente por estratégia e por convicção, ter como prioridade absoluta não a aliança, mas a união com o partido comunista, o que o levou a suportar, inicialmente, a recusa de seu parceiro e, em seguida, seus insultos, e a encontrar-se na incômoda situação de ter de multiplicar tanto os apelos à união quanto as condenações a seu parceiro. Nesse ponto, sua situação é insustentável, e o retorno à política dos últimos anos é de tal forma impossível que se vê obrigado, como o partido comunista, a sacrificar seu próprio fortalecimento. Mas, enquanto que este último visa consolidar seu aparelho, aquele vive apenas em função dos projetos de seu primeiro-secretário.

Na França, como aliás em toda parte, o socialismo chegou ao final de seu caminho. Sua grandiloqüência limita-se a uma política politiqueira e sua retórica sufoca a voz dos novos movimentos sociais. É chegado o momento de se dissociarem a ação política, a inovação cultural e as lutas sociais, a fim de permitir à primeira falar em nome de toda a esquerda, sem nenhum sectarismo e com uma lúcida consciência das amarras que a situação econômica impõe; à segunda, desenvolver-se sem ter de ser constantemente reduzida a um modelo canônico; e às duas últimas, combater em todos os lugares onde se criam novos poderes.

Se os partidos de esquerda se recusam a adotar um novo tipo de ação política, pragmática e aberta aos novos movimentos sociais, devem esperar ver formarem-se à sua frente novos movimentos sociais. Essa força retirará das estratégicas combinações dos grandes partidos, por sua própria presença e mesmo que consiga menos de 10% dos votos, qualquer significado. O caminho que conduziu ao fracasso de 1977 está, de qualquer maneira, traçado; se o partido socialista não renunciar, por si mesmo, a retomá-lo, vir-se-á impedido por forças externas.

Dez anos bastam

Hoje, o socialismo é muito mais uma ideologia do que uma força política; muito mais uma força política do que um movimento social. Limita-se a uma linguagem que alguns aparelhos disseminam na opinião de esquerda, quando não é, em outros países, o discurso que o poder de Estado impõe a um povo esmagado. Os que se colocam na condição de proprietários do socialismo, como de uma marca comercial, não sabem mais em nome de quem estão falando; reduzem a política à tática; tornaram-se estranhos à vida das idéias, pretensiosos altos prelados de uma religião sem fiéis. Essa decadência apenas suscitaria tristeza se também não impedisse a transformação de nossa sociedade e a supressão das injustiças mais gritantes. A ideologia socialista e os partidos que a reivindicam, impedem a vitória de uma esquerda amplamente majoritária em nosso país. Se amanhã mudar a política dos partidos, a esquerda varrerá, tal um vagalhão, uma direita impotente, privilegiada e imobilista.

Se eu analisasse aqui apenas a lenta substituição da sociedade industrial pela sociedade programada, não seria urgente escutarem-me. Se denunciasse apenas as contradições que levaram ao suicídio dos partidos de esquerda no outono de 1977, não falaria nada a ninguém. Mas mostrei que essas mudanças sociais e a atual crise política estão entrelaçadas. A representação política da esquerda é o maior obstáculo à mudança social. A França talvez seja o país onde o integrismo socialista paralisa completamente as forças de reivindicação e de inovação, enfraquecendo o sindicalismo, desprezando os novos movimentos sociais, combatendo idéias vivas. Há dez anos a esquerda espera: os partidos, abandonando suas divisões, pediram-lhe confiança; ela a concedeu, sem entusiasmo, porém muito francamente. E eis que os dirigentes da esquerda, em lugar de pensarem nas condições da vitória, fecham-

DESPERTAR 215

se em sua idêntica mitologia, simplesmente tramando mil intrigas às costas do irmão inimigo. Durante esses dez anos, o discurso da esquerda não é nada diferente dos discursos televisionados de Georges Marchais, melhor ator, e de François Mitterrand, melhor candidato.

Em 1977, a dissociação da esquerda e de suas expressões políticas chegou a seu ponto culminante. A opinião permaneceu silenciosa, pois ninguém lhe pediu que se fizesse ouvir; especialistas fecharam-se para elaborar o Programa Comum; a seguir, Georges Marchais rasgou a cópia dele e, numa noite, após uma primeira explosão de Robert Fabre, que não representava quase nada, principalmente para a esquerda, os comunistas romperam as negociações e os socialistas mantiveram-se calados. Alguns meses mais tarde, como verdadeiros comparsas, os partidos, reconciliando-se apressadamente, vagamente tentaram seduzir o eleitorado. Nunca acontecimento algum impôs tão claramente a idéia do final de uma época. É tão inaudito, tão escandaloso que não se sujeita a nenhuma explicação circunstancial. Só pode chegar a tal ponto um modelo de ação política esvaziado há muito de qualquer vínculo com a realidade e que se desmorona por si só quando deve confrontar-se com um obstáculo que, entretanto, é de fácil remoção. Não basta dizer que o páreo era fraudulento: os cavalos tinham passado da idade de correr.

Será que os eleitores, os partidários, os militantes e até mesmo os dirigentes desses partidos não sentem que esse fracasso não é resultante de falsas manobras, mas marca o fim da derradeira tentativa de um modelo político esgotado? Estas indagações não foram feitas durante todos esses anos, porque o único discurso audível era o dos partidos e de seu Programa Comum e todo debate parecia intempestivo quando finalmente a vitória despontava provável. Até mesmo os contestadores da ultra-esquerda se calaram. Não seria necessário inicialmente que os partidos políticos detivessem a vitória para que, a seguir, idéias, iniciativas, contestações pudessem renascer?

Encontramo-nos, hoje, após esse longo silêncio, enclausurados não numa aliança dos partidos, mas na sua divisão. Dez anos bastam! O grito bradado contra um decênio de gaullismo vale tanto quanto dez anos de fechamento da esquerda numa ideologia socialista desgastada. É preciso reerguer a esquerda, voltar a dar prioridade ao conhecimento da condição social, questionar as formas de ação política que podem melhor traduzir desejos da opinião popular. E deixar aos especialistas da história das idéias políticas a preservação da ideologia socialista.

A urgência

A transformação de uma sociedade em outra opera-se lentamente. Talvez não seja preciso apressar as transformações necessárias; talvez a ação política deva proceder à evolução das idéias, da economia e dos costumes, ao invés de antecedê-la. Entretanto, já estamos suficientemente comprometidos com a sociedade programada para que seus atores intervenham no cenário político. Nem em 1848, nem mesmo em 1871, a França constituía ainda uma sociedade industrial; entretanto, os dias de junho e da Comuna já se constituíam em levantes operários, ainda que também comportassem outros componentes. Por outro lado, o declínio do socialismo não conduz necessariamente a um pós-socialismo fomentado por uma esquerda antitecnocrática. Esse declínio pode conduzir ao enfraquecimento duradouro de qualquer representação política dos interesses populares e, no âmago de um período de crise e de incertezas, ao fortalecimento de um Estado autoritário, totalitário e clientelista. Ainda estamos muito próximos dos fáceis anos do grande crescimento em que o Estado não tinha motivos para exercer pressões sobre as liberdades pÚblicas e estamos muito pouco atentos ao possível retorno de um regime antidemocrático, ou pelo menos muito mais restritivo do que esse que conhecemos. Nessa perigosa situação, a prioridade não deve ser dada a princípios e a tradições, mas à luta preventiva contra ameaças que possam surgir contra a democracia e cuja ascensão ainda oferece resistência.

Que nos importa a "transição" para um socialismo do qual não nos dizem nada de preciso, mas que, sabemo-lo, daria plenos poderes ao Estado! Modernização econômica, reforço da ação sindical, democratização ampliada, atenção aos movimentos sociais e culturais: não seria esse um programa suficiente para reunir uma maioria e afastar qualquer perigo de evolução totalitária do regime? As mais amplas análises e as mais prementes necessidades se conjugam para conclamar uma profunda transformação da esquerda política. O surgimento do socialismo, há um século, transtornou o jogo político; uma desorganização análoga é indispensável atualmente. A ideologia socialista está morta e as forças políticas que a reivindicam e ainda empregam seu vocabulário já estão se transformando em uma tecnocracia de Estado, sequiosa por substituir os empresários privados, muito fracos. Não se trata, pois, apenas de acabar com seus princípios gerais, que mal escondem pequenas artimanhas; o papel do "verdadeiro" socialismo — o socialismo do Estado — é, há muito, o de esmagar a sociedade em nome do Estado. Não há nenhuma razão para pensar que os permanentes comunistas e os tecnocratas socialistas, quando no poder, comportar-se-iam diferentemente de um aparelho de Estado, subordinando tudo às necessidades de um poder muito mais perigoso porque seria identificado com o povo.

Os que falam da esquerda apenas em termos de programa de governo, dão as costas à democracia. Defendem-na unicamente aqueles que organizam novos movimentos sociais, que transformam a cultura, que desejam reformas capazes de ampliar os direitos da maioria e de fazer penetrarem mais amplamente, na ordem social, as inovações e as reivindicações. Quanto tempo ainda suportaremos ouvir os apelos à classe operária, ao povo e ao socialismo esconderem a escalada ao poder de uma nova elite dirigente? Quanto tempo esperaremos para quebrar esses simulacros e para construir, contra a tecnocracia e frente ao Estado, a ação e o pensamento sociais que devem defender, em nossa sociedade, os interesses populares, tal como o movimento socialista os defendeu na sociedade industrial?

Acabamos de perder, tolamente, preciosos anos. Projetos e iniciativas jorravam de toda parte. Partidos e ideólogos conseguiram esmagá-los ou deformá-los para fazê-los entrar no antigo molde do socialismo. Agora, o que chamamos de crise substitui a exuberância pelo desencanto e a imaginação pelo medo. Vislumbramos nosso futuro comandado menos por nossas próprias decisões do que pelas conseqüências das decisões que se tomam longe de nós. Conflitos internacionais já fizeram com que se abandonassem ao esquecimento problemas sociais de nossas regiões, e, quando voltamos a falar em guerra, a voz do Estado encobre a da sociedade.

Não critico o socialismo em nome de outras idéias; digo que ele é apenas um fantasma e que já deixou de convencer e de mobilizar. Alguns retóricos falam ainda da ascensão do socialismo e das lutas operárias. Em realidade, a época do socialismo terminou. Urge perceber tal fato e viver no novo tempo e pensar e agir em função das novas situações e dos novos comportamentos em meio aos quais agimos e por entre os quais parecem caminhar, feito sonâmbulos, os herdeiros abusivos das lutas e das teorias passadas.

Um novo século

O que hoje vivemos não são dificuldades passageiras de uma sociedade que poderia retomar sua caminhada em direção a um crescimento de produção e de consumo industriais, tampouco o retorno a uma sociedade equilibrada e frugal. Estamos comprometidos, em parte, por opressões vindas do exterior, com uma mutação nessa passagem da sociedade industrial para a sociedade pós-industrial. A partir do fim do grande desenvolvimento, redescobrimos a fundamental importância das inovações tecnológicas e de suas conseqüências. Essa transição em forma de crise será rápida, tão fortes são as pressões que exigem a transformação da ordem econômica mundial. Daqui a dez anos, vinte no máximo, ou teremos conseguido construir um novo tipo de produção e de organização e também de consumo e de divisão, ou então estaremos entrando por muito tempo no caminho do subdesenvolvimento e da dependência. Já faz mais de dez anos que entramos nessa grande mutação: idéias, sensibilidade e novas técnicas aparecem por todos os lados. Movimentos culturais e sociais transformam nossa experiência coletiva.

Restam dois monumentos cujas gigantescas ruínas obstroem a passagem: em primeiro lugar, o sistema escolar, englobando-se também a organização universitária, lugar de produção e de transmissão dos conhecimentos e que parece consagrar o essencial de suas forças ao bloqueio das idéias e das novas práticas; em segundo e principal lugar, as formas de representação política. A política tornou-se um espetáculo, pois os partidos não correspondem mais às correntes de opinião. A França ainda está paralisada pela existência de um partido conservador-nacionalista, dito gaullista, cujo declínio felizmente começou, e de partidos de esquerda, ao mesmo tempo divididos e unidos por uma referência comum a uma tradição há muito esgotada. Ideologias, aparelhos e ambições separaram a política de esquerda de expectativas da opinião. Idéias, atividades, costumes transformaram-se e abriram-se à mudança, enquanto que os representantes políticos permaneciam imóveis, voltavam-se para o passado ou olhavam para o lado do poder e não para o lado do povo. A opinião e a política já estão tão afastadas uma da outra que não se entendem mais, que se perdem de vista. Deixemos os nostálgicos e os ambiciosos à margem; é preciso inventar uma nova maneira de vivermos juntos, num planeta tumultuado, no meio dos poderosos e perigosos instrumentos de nosso conhecimento e no bojo dos perigos por que passam as liberdades em qualquer período de crise. Governar, calcular, planificar, sim; mas inicialmente ter suficiente confiança para caminhar de passo com o que muda e acreditar na importância dos novos movimentos sociais para construir uma nova imagem da liberdade e da responsabilidade coletivas, para devolver força, voz e esperança à maioria.

Alguns acreditam ainda que a crise da esquerda pode ser transposta com um apelo aos partidos, lançado por uma opinião pública que se reduz a uma não-organizada massa de eleitores decepcionados. Tal atitude é contentar-se com muito pouco e ter muito medo de refletir. Não é preciso conclamar os partidos, mas as forças que constroem uma sociedade nova. Os partidos políticos devem ser representantes do povo. Quem é hoje o povo e qual é o nome de seus inimigos? A esquerda parece ter medo de sair da antecâmara do poder; faria melhor se olhasse para baixo, em vez de para o alto, e reencontrasse a inspiração de todos os movimentos sociais: lutar com aqueles que estão oprimidos, libertar aqueles que estão prisioneiros, dar esperança àqueles a quem se prega a submissão. Os movimentos sociais têm e terão necessidade de apoios e de aliados políticos; mas concedamos a prioridade ao despertar das forças sociais.

Não se trata apenas de definir uma política, mas de pensar e de escolher nossa vida. Estamos abandonando palavras e paisagens muito familiares; corremos e risco de nos perdermos, levados pelos acontecimentos que os antigos discursos nos desensinaram a compreender. É preciso, pois, definir claramente nossa situação para encontrar a coragem de pensar livremente e de agir segundo nossas mais profundas convicções. Que importam as resistências das desgastadas idéias e dos aparelhos egoístas? Aqueles que recusam a decadência, devem trabalhar para reconhecer e tornar habitável um futuro que criamos, mas mal começamos a descobrir.

BIBLIOGRAFIA

ABDEL MALEK, Anouar. *Egypte société militaire*. Paris, Le Seuil, 1962.

ALBERONI, Francesco. *Movimenti e instituzione*. Milão, Il Mulino, 1978.

ALTHUSSER, Louis. Les appareils idéologiques d'Etat. *La Pensée*, n 151, 1970.

ATTALI, Jacques. *La nouvelle économie française*. Paris, Flammarion, 1978.

_____. *Lórdre cannibale*. Paris, Grasset, 1979.

BAHRO, Rudolf. *Lálternative*. Paris, Stock, 1979.

BARRET-KRIEGEL, Blandine. *L'Etat et les esclaves*. Paris, Calmann-Lévy, 1979.

BARTHES, Roland. *Leçon: leçon inaugurale de la chaire de sémiologie littéraire du College de France - 7/1/1977*. Paris, Le Seuil, 1978.

NOVAES, Simone Bateman. *La demande dávortement*. Paris, EHESS, 1979 (tese de 3 ciclo não publicado).

BELL, Daniel. *The coming of post-industrial society*. Nova York, Basic Books, 1973.

BENOIST, Alain de. *Les idées à léndroit*. Paris, Libres Hallier, 1979.

BERGOUNIOUX, Alain e MANIN, Bernard. *La social-démocratie ou le compromis*. Paris, PUF, 1979.

BERLE, Adolf A. *Le capitalisme américain et la conscience du roi. Le néo-capitalisme aux Etats-Unis*. Paris, Colin, 1957 (ed. inglesa, 1955).

BETTELHEIM, Charles. *Les luttes de classes en URSS première période 1917-1923*. Paris, Maspero/Seuil, 1974.

_____. *Les luttes de classes en URSS; deuxième période 1923-1930*. Paris, Maspero/Seuil, 1977.

BOURDIEU, Pierre. *La distinction*. Paris, Minuit, 1979.

BRAUDEL, Fernand. *Civilisation matérielle, économie et capitalisme.* Paris, Colin, 1979, II e III.

BRZEZINSKI, Zbigniew. *La révolution technocratique.* Paris, Calmann-Lévy, 1971 (ed. inglesa, 1970).

BOUKOVSKI, Vladimir. *...Et le vent reprend ses tours.* Paris, R. Laffont, 1978 (ed. russa, 1977).

ENCAUSSE, Hélène Carrère d'. *Lénine. La révolution et le pouvoir.* Paris, Flammarion, 1979.

CASTORIADIS, Cornelius. *Le contenu du socialisme.* 10/18. Paris, 1979 (textos de 1952 à 1979).

CAUTE, David. *Les compagnons de route 1917-1968.* Paris, R. Laffont, 1979 (ed. inglesa, 1973).

CLAVEL, Maurice. *Deux siècles chez Lucifer.* Paris, Le Seuil, 1978.

COTTA, Alain. *Réflexions sur la grande transition.* Paris, PUF, 1979.

CROZIER, Michel, HUNTINGTON, S. e WATANUKI, J. *The crisis of democracies. Report on the governability of democracies.* Nova York, New York Univ. Press. 1975.

_____. *On ne change pas la société par décret.* Paris, Grasset, 1979.

DAHRENDORF, Ralf. *Class and class conflict in industrial society.* Stanford Univ. Press, 1959 (ed. alemã reduzida, 1957).

DANIEL, Jean. *L'ère des ruptures.* Paris, Grasset, 1979.

DEBRAY, Régis. *Lettre aux communistes français et à quelques autres.* Paris, Le Seuil, 1978.

_____. *Le pouvoir intellectuel en France.* Paris, Ramsay, 1979.

Esprit. Que penser? Que dire? Químaginer? sept.-oct., 1979.

FOUCAULT, Michel. *Surveiller et punir.* Paris, Gallimard, 1973.

_____. *La volonté de savoir.* Paris, Gallimard, 1976.

GALBRAITH, John K. *Le nouvel Etat industriel.* Paris, Gallimard, 1970 (ed. inglesa, 1967).

GARAUDY, Roger. *Appel aux vivants.* Paris, Le Seuil, 1979.

GIRAUD, Alain, MISSIKA, Jean-Louis e WOLTON, Dominique. *Les réseaux pensants. Télécommunication et société.* Paris, Masson, 1978.

GOLDTHORPE, John et alii. *L'Ouvrier de lábondance.* Paris, Le Seuil, 1972 (ed. inglesa, 1968-1969).

GOODMAN, Paul. *Compulsory miseducation.* Nova York, Vintage Books, 1966.

GRÉMION, Pierre. *Le pouvoir périphérique: bureaucrates et notables dans le système politique français.* Paris, Le Seuil, 1978.

HABERMAS, Jürgen. *La technique et la science comme idéologie.* Paris, Gallimard, 1973 (ed. alemã, 1968).

_____. *Léspace public.* Paris, Payot, 1978 (ed. alemã, 1962).

HALBWACHS, Maurice. *La classe ouvrière et les niveaux de vie.* Paris, Alcan 1912, (nova ed. Gordon and Breach, 1970).

HARASZTI, Miklos. *Salaire aux pièces. Ouvrier dans un pays de lést.* Paris, Le Seuil, 1976.

HARRIS, André e SÉDOUY, Alain de. *Qui nést pas de droite?* Paris, Le Seuil, 1978.

HOFFMANN, Stanley. *Sur la France.* Paris, Le Seuil, 1976.

HOGGART, Richard. *La culture du pouvoir.* Paris, Minuit, 1970 (ed. inglesa, 1957).

BIBLIOGRAFIA 223

HOBSBAWM, Eric. *Les primitifs de la révolte dans l'Europe moderne*. Paris, Fayard, 1966 (ed. inglesa, 1959).

ILLICH, Ivan. *Une société sans école*. Paris, Le Seuil, 1971.

_____. *Némésis médicale*. Paris, Le Seuil, 1975.

INSEE. *Données sociales 1978*.

INSEE. *Fresque historique du système productif*. (Coll. E, n 27, 74, dir. C. Sautter).

Interfuturs (dir. J. Lesourne). *Face aux futurs: pour une matrise du vraisemblable et une gestion de límprévisible*. Paris, OCDE, 1979.

JAMOUS, Haroun e GRÉMION, Pierre. *Lórdinateur au pouvoir*. Paris, Le Seuil, 1978.

JULLIARD, Jacques. *Contre la politique professionnelle*. Paris, Le Seuil, 1977.

KONRAD, György e SZELENYI, Ivan. *La marche au pouvoir des intellectuels: le cas des pays de l'Est*. Paris, Le Seuil, 1979.

LAFONT, Robert. *La révolution régionaliste*. Paris, Gallimard, 1967.

LAZITCH, Branko. *L'échec permanent*. Paris, R. Laffont, 1978.

LEFORT, Claude. *Éléments dúne critique de la bureaucratie*. Paris, Droz, 1971 (nova ed. Gallimard, 1979).

LEMOINE, Philippe. Annexes. In: Nora, Simon e Minc, Alain. *Línformatisation de la société*. Paris, Documentation Française, Le Seuil, 1978-1979, v. I, pp. 155-209.

LEPIGEON, Jean-Louis e WOLTON, Dominique. *Línformation demain. De la presse écrite aux nouveaux médias*. Paris, Documentation Française, 1979.

LESQUEN, Henri de et alii. *Politique du vivant*. Paris, Albin Michel, 1979.

LÉVY, Bernard-Henri, *Le testament de Dieu*. Paris, Grasset, 1979.

LYOTARD, Jean-François. *La condition post-moderne*. Paris, Minuit, 1979.

MACHLUP, Fritz. *The production and distribution of knowledge in the United States*. Princeton Univ. Press, 1962.

MARCUSE, Herbert. *Lhomme unidimensionnel*. Paris, Minut, 1968 (ed. inglesa, 1964).

MICHELS, Roberto. *Les partis politiques. Essai sur les tendances oligarchiques des démocraties*. Paris, Flammarion, 1971.

MILLETT, Kate. *La politique du mâle*. Paris, Stock, 1971 (ed. americana, 1969).

MINISTRE DU TRAVAIL e de la Participation. *Tableaux statistiques sur le travail et lémploi*. Paris, 1979, pp. 3-64.

MOCH, Raymond. Annexes. In: Nora, Simon e Minc, Alain. *Línformatisation de la société*. Paris, Documentation Française, Le Seuil, 1978-1979, v. IV.

MORIN, Edgar. *Autocritique*. Paris, Julliard, 1959 (nova ed. Le Seuil, 1970).

_____. *La commune en France*. Paris, Fayard, 1967.

_____. *Le paradigme perdu: la nature humaine*. Paris, Le Seuil, 1973.

_____. *La méthode I*. Paris, Le Seuil, 1977.

MOTHÉ, Daniel. *Le métier de militant*. Paris, Le Seuil, 1973.

NORA, Simon e MINC, Alain. *Línformatisation de la société*. Paris, Documentation Française, Le Seuil, 1978-1979, 4 v. annexes.

OSTROGORSKI, Moise. *La démocratie et les partis politiques*. 2. ed., Paris, Le Seuil, 1979 (1 ed., 1902).

PARSONS, Talcott e SHILS, Edward E. *Values, motives and systems of action*. In: _____. *Toward a general theory of action*. Harvard Univ. Press, 1952.

PLIOCHTCH, Leonid. *Dans le carnaval de lʰistoire*; mémoires. Paris, Le Seuil, 1977.

PORAT, Marc U. *The information economics: definitions and measurement*. Stanford Univ. Press, 1976 (thse non publiée).

QUÉRÉ, Louis. *Jeux interdits aux frontires*. Paris, Anthropos, 1978.

RAKOVSKI, Marc. *Le marxisme face aux pays de l'Est*. Paris, Savelli, 1977.

ROSANVALLON, Pierre. *L'âge de láutogestion*. Paris, Le Seuil, 1976.

_____ e VIVERET, Patrick. *Pour une nouvelle culture politique*. Paris, Le Seuil, 1977.

SARTORI, Giovanni. *Théorie de la démocratie*. Paris, Colin, 1979.

SCHUMACHER, E. F. *Small is beatiful*; a study of economics as if people mattered. Londres, Blond Briggs, 1973 (ed. francesa Le Seuil, 1978).

SCHWARTZENBERG, Léon e VIASSON-PONTÉ, Pierre. *Changer la mort*. Paris, Albin Michel, 1978.

SOLJENITSIN, Alexandre. *Lárchipel du Goulaq*. Paris, Le Seuil, 1974. t. I (ed. russa, 1973).

STOFFAES, Christian. *La grande menace industrielle*. Paris, Calmann-Lévy, 1978.

SUPEK, Rudi. La "main visible" et la dégradation de l'homme. In: _____. *Au delà de la crise*. Paris, Le Seuil, 1976, pp. 177-213.

TOCQUEVILLE, Alexis de. *Œuvres complètes*. (ed. définitive sous la direction de J. P. Mayer). Paris, Gallimard, 1961, t. I, v. 2.

TOURAINE, Alain. *La voix et le regard*. Paris, Le Seuil, 1978.

_____., HEGEDUS, Zsuzsa, DUBET, François e WIEVIORKA, Michel. *Lutte étudiante*. Paris, Le Seuil, 1979.

_____ *La prophétie anti-nucléaire*. Paris, Le Seuil, 1980.

TOURAINE, Alain. *Mort dúne gauche*. Paris, Galilée, 1979.

VOGE, Jean. *Sur un modèle thermodynamique de la croissance et de la maturité économique*. Paris, ENST, 1976.

WOLTON, Dominique. *Le nouvel ordre sexuel*. Paris, Le Seuil, 1974.

ZELDIN, Theodore. *Histoire des passions françaises 1848-1945*. Paris, Recherches, 1978 (1 ed. inglesa, 1973); em particular v. IV: *Colère et politique*.

ZINOVIEV, Alexandre. *Lávenir radieux*. Lausanne, L'âge d'homme, 1978.